원서발췌
용재총화

고전 명작을 읽는 가장 쉬운 길,
'지식을만드는지식 원서발췌'

축약, 해설, 리라이팅이 아닙니다. 원전의 핵심 내용을 문장 그대로 가져옵니다. 작품의 오리지낼리티를 가감 없이 느낄 수 있습니다.
두껍고 읽기 어려워 책장을 덮어 버리곤 했던 고전을 발췌합니다. 해당 작품을 연구한 전문가가 작품의 정수를 가려 뽑아냅니다. 핵심만 읽기 때문에 더 빠르게 더 많은 고전을 읽을 수 있습니다. 제외된 부분은 중간중간 친절하게 요약 설명합니다. 풍부한 해설과 주석으로 전체 내용을 파악하는 데 무리가 없습니다. 정확한 번역, 적절한 윤문으로 10대에서 80대까지 누구나 쉽게 읽을 수 있습니다. 콤팩트한 사이즈와 분량이므로 간편하게 휴대할 수 있습니다. 수천 쪽의 고전을 발췌된 내용으로 읽고도 전체 의미를 파악할 수 있는 것이 지식을만드는지식 원서발췌의 매직입니다. 발췌율은 표지에 표시하고 발췌 방법은 일러두기에 상세히 밝힙니다.
고전 독자를 발췌 읽기에서 완역 읽기로, 더 나아가 원전 읽기로 안내합니다. 바쁜 현대인들에게 새로운 고전읽기 방법을 제시합니다.

원서발췌
용재총화

慵齋叢話

성현(成俔) 지음
홍순석 옮김

대한민국, 서울, 지만지한국문학, 2025

편집자 일러두기

- 이 책은 경산대에서 한국학 자료 집성으로 영인해 간행한 《용재총화(慵齋叢話)》를 저본으로 했습니다.
- 《용재총화》에 수록된 324편의 글에서 114편을 정선해 원전 순서대로 배열했습니다.
- 원문에는 편의 구별만 있고 항목의 제목은 없으나 독자의 편의를 위해서 항목마다 해당 내용을 축약해 제목을 달았습니다.
- 옮긴이의 주는 번역문에 달았으며, 원전의 주는 원문에 달고 '원주'로 표시했습니다.
- 괄호가 중복되는 것과 괄호 안과 밖의 독음이 다를 경우 [ ]를 사용했습니다.
- 이 작품은 지만지한국문학에서 완역본도 출간되어 있습니다. 더 많은 내용은 완역본에서 확인할 수 있습니다.
- 이 책은 2009년 11월 15일 한정판 '고전선집' 시리즈로 처음 출간했습니다. 2014년 8월 11일 표지를 바꿔 '천줄읽기' 시리즈로 다시 출간했다가 이번에 '원서발췌' 시리즈로 옮겨 출간합니다.

차례

용재총화 권1

역대의 스승 • 3

역대의 문장가 • 7

역대의 명필 • 12

역대의 화가 • 15

역대의 음악가 • 18

역대의 도읍지 • 23

한양의 경승지 • 28

고금의 풍속 • 32

처용희(處容戱) • 36

관화(觀火) • 39

구나(驅儺) • 42

대관(臺官)과 간관(諫官) • 45

감찰(監察)의 신참례(新參禮) • 50

승정원(承政院) • 53

용재총화 권2

집현전(集賢殿)과 홍문관(弘文館) • 57

과거제도(科擧制度) • 60

동궁(東宮) • 65

삼관(三館)의 면신례(免新禮) • 657

성균관(成均館) • 71

약밥[藥飯] • 74

세시풍속(歲時風俗) • 76

전경법(轉經法) • 81

권초지례(捲草之禮) • 83

예조(禮曹) • 88

용재총화 권3

강감찬(姜邯贊)과 호승(虎僧) • 93

영태(永泰)의 광대놀이 • 96

신돈(辛旽)의 호색 • 98

미친 척하고 난세를 피한 조운흘(趙云仡) • 100

최영(崔瑩)의 홍분(紅墳) • 102

정몽주(鄭夢周)의 죽음 • 104

조반(趙胖)의 슬픈 사랑 • 106

이제현(李齊賢)의 변언(變言) • 109

황희(黃喜)의 도량 • 111
정초(鄭招)의 총명 • 113
정씨(鄭氏)의 귀신 이야기 • 114

용재총화 권4

정갑손(鄭甲孫)의 기량 • 119
버림받은 여승의 복수 • 121
배후문(裵珝文)과 이석정(李石貞)의 활 솜씨 • 123
비문(碑文)의 글씨 • 125
화생(化生)의 이치 • 127
이학(理學)에 밝은 최지(崔池) • 128

용재총화 권5

비둘기 소동 • 133
사승(師僧)을 속인 상좌 • 135
도수승(渡水僧) • 138
바보 사위 • 141
이 장군(李將軍)의 호색담 • 143
아내를 연모하다 뱀이 된 스님 • 147
정절의 어려움 • 149
안생(安生)의 사랑 • 151

명통사(明通寺) 장님의 어리석음 • 155
호색 장님의 어리석음 • 157
풍산수(豊山守)의 어리석음 • 159
흉내를 잘 내는 사람들 • 160
사냥꾼 김속시(金束時) • 161
봉석주(奉石柱)의 탐욕 • 164
어우동(於于同) • 167
윤통(尹統)의 속임수 • 170
목 서방 거안(睦書房擧案) • 175

용재총화 권6

지불배(池佛陪)의 인색함 • 179
처녀의 음란한 시 • 181
세 유생(儒生)의 꿈과 해몽 • 182
키다리 스님 원심(遠心) • 183
닭중(鷄僧) • 185
신수(信修) 스님의 기행(奇行) • 187
박생(朴生)의 호색과 낭패 • 191
최세원(崔勢遠) 형제의 해학 • 192
홍녀(洪女)에 반한 서거정(徐居正) • 193
이차공(李次公)의 재담 • 194

신 모(辛某)의 비루함 • 196

용재총화 권7

임숙(任淑)과 이유한(李維翰)의 실수 • 201
이순몽(李順蒙)과 민발(閔發)의 발언 • 202
조수(潮水) • 204
꿩의 맛 • 206
유사(類似)한 사물들 • 207
기우제 • 209
원각사(圓覺寺) • 211
언문(諺文) 창제 • 213
유구(琉球) 사신이 본 세 가지 장관 • 215
활자의 종류와 주자법(鑄字法) • 216
김종련(金宗蓮)의 우직함 • 219
박지번(朴之蕃)의 충직 • 221
토산물(土産物) • 222
파리목사[蠅牧使] • 223

용재총화 권8

승문원(承文院) • 227
역대 문장가와 저술 • 230

향도(鄕徒)의 미풍 • 235
빙고(氷庫) • 236
이름난 점쟁이들의 예언 • 238
속담 중의 격언 • 242
사람들의 억측 • 243

용재총화 권9

조선인과 중국인의 비교 • 247
온천(溫泉) • 251
훈장(訓長) • 256
승과(僧科) • 261
독서당(讀書堂) • 264
도성 밖의 원교(院橋) • 266
기로연(耆老宴)과 기영회(耆英會) • 269
제액(題額) • 270
역대의 명장(名匠) • 272

용재총화 권10

도자기 • 275
예조청사(禮曹廳舍) • 277
궁궐 안팎의 샘과 못 • 278

종이 • 280
양잠 • 281
제단(祭壇) • 282
시문선집(詩文選集) • 285
삼포 왜인(三浦倭人) • 286
여의(女醫)의 비술(秘術) • 289
일본의 풍속 • 290
야인(野人)의 풍속 • 293
이정보(李廷甫)의 졸필 • 297
귀화인 설장수(偰長壽)의 가문 • 298
귀화인 명승(明昇)과 진리(陳理) • 299
우리나라의 거족(巨族) • 301

해설 • 303
지은이에 대해 • 313
옮긴이에 대해 • 315

용재총화 권1(慵齋叢話 卷之一)

역대의 스승

경술(經術)[1]과 문장(文章)은 두 가지 이치가 아니다. 육경(六經)[2]은 모두 성인(聖人)의 문장으로 사업(事業)[3]에 적용하던 것이다. 요즈음 글 짓는 자는 경서(經書)의 근본을 알지 못하고, 경술에 밝은 자는 문장을 모른다. 이는 편벽한 기습(氣習)일 뿐만 아니라, 하는 사람들이 힘을 다하지 않기 때문이다.

고려 때 문사들은 시소(詩騷)[4]를 업으로 삼았으나, 오직 포은(圃隱)[5]만 성리학(性理學)을 처음으로 창도했다. 조선조에 이르러서는 양촌(陽村)[6]과 매헌(梅軒)[7] 두 형

---

1) 경술 : 경서(經書)를 연구하는 학문. 경학(經學).

2) 육경 : 시경(詩經) · 서경(書經) · 역경(易經) · 춘추(春秋) · 주례(周禮) · 예기(禮記)를 지칭한다.

3) 사업 : 일을 하여 천하의 백성에게 베푸는 것을 말함(擧而措之天下之民謂之事業). 여기에서는 글로써 천하의 백성에게 보인 것이라는 뜻으로 쓰였다.

4) 시소 : 시(詩)와 같다.

5) 포은 : 정몽주(鄭夢周, 1337～1392)의 호.

6) 양촌 : 권근(權近, 1352～1409)의 호.

제가 경학에도 밝고 문장에도 능했다. 양촌은 사서(四書)[8]와 오경(五經)[9]의 구결(口訣)[10]을 정했고, 《천견록(淺見錄)》[11]과 《입학도설(入學圖說)》[12] 등을 지어서 유학(儒學)을 보급하는 데 도운 공이 적지 않다.

그 뒤에 스승이 될 만한 사람으로 황현(黃鉉)·윤상(尹祥)·김구(金鉤)·김말(金末)·김반(金泮)[13]이 있다. 황현의 학문은 세상에 알려진 바가 없다. 윤상은 가장 정통(精通)하고, 글도 조금은 할 줄 알았다. 김구와 김말은 모두 경학에 정통했다. 김말은 고체(固滯)함을 면치 못했다. 그때의 의론이 서로 상하를 다투어 논쟁이 그치지 않았다. 때문에 수업하는 제자들도 두 파로 나누어졌다. 두 사

---

7) 매헌 : 권우(權遇, 1363~1419)의 호. 권근(權近)의 동생이다.

8) 사서 : 논어(論語)·맹자(孟子)·중용(中庸)·대학(大學)을 말한다.

9) 오경 : 시경(詩經)·서경(書經)·역경(易經)·예기(禮記)·춘추(春秋)를 말한다.

10) 구결 : 한문 문장을 쉽게 익히기 위해 문장 곁에 다는 토(吐). '입겿'이라고도 한다.

11) 《천견록》: 권근이 지은 주역(周易)에 관한 책이다.

12) 《입학도설》: 권근이 지은 책으로, 초학자를 위해 성리학의 기본 원리를 그림을 붙여 설명한 책이다.

13) 김반 : 호는 송정(松亭), 김구(金鉤)·김말(金末)과 함께 삼김(三金)이라 칭했다. 관직에 40년간 있었으며. 벼슬이 대사성에 이르렀다.

람 모두 세조(世祖)에게 알려져서 관직이 1품에 이르렀다. 김반은 대사성(大司成)[14]이 되었다가 연로해 치사(致仕)[15]하고는 고향에서 굶주리다가 죽었다.

그 다음가는 사람으로 공기(孔頎)·정자영(鄭自英)·구종직(丘從直)·유희익(兪希益)·유진(兪鎭) 등이 있다. 공기는 익살스러워서 이야기를 잘했으나, 글 짓는 것은 사소한 편지 한마디도 짓지 못했다. 일찍이 남의 편지를 받았으나 답장을 쓰지 못하고 있었는데, 마침 옆에 있던 생원(生員) 김순명(金順命)이 이것을 보고 그가 말하는 대로 받아 써보니, 사어(辭語)가 훌륭했다. 공기가 감탄해 "자네의 학문은 나에게서 배운 것인데, 자네는 잘 이용하고 나는 이용할 줄 모르니, 참으로 '남에서 나온 청색이 남보다 진하다'[16] 하겠다" 했다. 정자영은 오경(五經)뿐만 아니라 여러 사적(史籍)을 널리 보았다. 관직이 판서에 이르렀다. 구종직은 용모가 뛰어나서 세조에게 발탁되어 마침

---

14) 대사성 : 성균관 최고 책임자의 관직. 대사성 이상은 모두 겸직뿐이다.

15) 치사 : 늙어서 벼슬을 그만두는 것을 말한다.

16) 남(藍)에서 나온 청색이 남보다 진하다(靑出於藍 靑於藍) : 순자(荀子)의 〈권학편(勸學篇)〉에 나오는 말인데 스승보다 제자가 나은 것을 비유한다.

내 관직이 1품에 이르렀다. 유희익은 현달하지는 못했다. 유진은 고집이 세서 사리에 통달하지 못했다.

근래에는 노자형(盧自亨), 이문흥(李文興)이 오랫동안 학관(學官)에 있었는데, 성종(成宗)이 연로하다고 우대해 마침내 당상(堂上)[17]에 올랐다. 모두 벼슬에서 물러난 뒤에는 고향으로 돌아가 죽었다.

17) 당상 : 정3품(正三品) 통정대부(通政大夫) 명선대부(明善大夫) 이상의 관원.

역대의 문장가

우리나라 문장은 최치원(崔致遠)에서부터 처음 떨쳐 드러나게 되었다. 최치원이 당나라에 들어가 급제하고 문명(文名)이 크게 떨쳐졌다. 지금은 문묘(文廟)[18]에 배향(配享)되어 있다. 이제 그의 저서를 통해 보면, 시구에는 능숙하나 뜻이 정(精)하지 못하고, 사륙문체(四六文體)[19]에는 재주가 있으나 용어(用語)가 정리되지 못했다. 김부식(金富軾)과 같은 이는 글은 섬부(贍富)[20]하나 화려하지 못하다. 정지상(鄭知常)의 글은 빛나기는 하나 널리 알려지지 않았다. 이규보(李奎報)는 능히 압합(押闔)[21]할 줄 알았으나 거두지 못했다. 이인로(李仁老)는 세련되었으나 펴지 못했다. 임춘(林椿)은 치밀하나 융통하지 못하다.

---

18) 문묘 : 공자 및 그 제자 이하 유교에 공헌이 있는 역대의 인물들을 제사 지내는 사당. 조선시대에는 성균관을 위시해서 각 고을 향교 옆에 설치했다.

19) 사륙문 : 중국 육조(六朝) 때 발달한 문체로 네 글자와 여섯 글자로 된 변려문을 말한다.

20) 섬부 : 넉넉하고 여유가 있음.

21) 압합 : 압운(押韻)이 합한 것이다.

가정(稼亭)[22]은 적실(的實)하나 산뜻하지 못하다. 익재(益齋)[23]는 노건(老健)하나 문채(文彩)가 없다. 도은(陶隱)[24]은 온자(醞藉)[25]하나 깊지 못하다. 포은(圃隱)은 순수하나 긴요하지 못하다. 삼봉(三峯)[26]은 장대(張大)하나 검속(檢束)하지 못하다.

세상에서 칭하기를 "목은(牧隱)[27]이 시와 글에 모두 뛰어나 집대성(集大成)했다" 한다. 그러나 비루하고 소략(疏略)한 태(態)가 많아서 원(元)나라 사람의 규율에도 미치지 못한다. 어찌 당(唐)·송(宋)의 영역에 비길 수 있겠는가. 양촌(陽村)·춘정(春亭)[28]이 문병(文柄)[29]을 잡기는 했으나 목은에게 미치지 못한다. 춘정은 더욱 비약(卑弱)하다. 세종(世宗)께서 처음 집현전(集賢殿)을 설치하

---

22) 가정 : 이곡(李穀, 1298~1351)의 호.

23) 익재 : 이제현(李齊賢, 1287~1367)의 호.

24) 도은 : 이숭인(李崇仁, 1349~1392)의 호.

25) 온자 : 아담하고 얌전함을 뜻한다.

26) 삼봉 : 정도전(鄭道傳, 1342~1398)의 호.

27) 목은 : 이색(李穡, 1328~1396)의 호.

28) 춘정 : 변계량(卞季良, 1369~1430)의 호.

29) 문병 : 문풍(文風)을 전이(轉移)시키는 요충(要衝). 곧 대제학(大提學)을 지칭한다.

고 문학하는 선비들을 맞아들였는데, 고령(高靈) 신숙주(申叔舟), 영성(寧城) 최항(崔恒), 연성(延城) 이석형(李石亨),[30] 인수(仁叟) 박팽년(朴彭年), 근보(謹甫) 성삼문(成三問), 태초(太初) 유성원(柳誠源), 백고(伯高) 이개(李塏), 중장(仲章) 하위지(河緯地) 같은 사람들이 있어서 모두 한때 이름을 떨쳤다. 근보의 문장은 호방하고 구애됨이 없으나 시는 잘하지 못했다. 중장도 대책문(對策文)[31]이나 소장(疏章)[32]에는 능하나 시를 알지 못했다. 태초(太初)는 천재로 숙성(夙成)했으나 지식이 넓지 못했다. 백고의 글은 맑고 총명해 뛰어났으며 시도 정절(精絶)했다. 선비들이 모두 박인수를 집대성(集大成)이라고 추대했다. 그는 경술 · 문장 · 필법을 모두 잘했기 때문이다. 그러나 모두 주살(誅殺)을 당해서 저술한 것이 세상에 나타나지 않는다.

영성은 사륙문체(四六文體)에 능하고, 연성은 과문(科文)에 능숙했다. 고령은 문장과 도덕이 한 시대의 존경을

---

30) 이석형 : 조선 전기의 문신으로 본관은 연안(延安). 자는 백옥(伯玉). 호는 저헌(樗軒)이다.

31) 대책문 : 정치에 관한 계책을 물어서 답하게 하던 과문(科文)의 하나.

32) 소장 : 임금에게 올리는 글.

받았다. 그 뒤를 따를 사람은 서달성(徐達城)·김영산(金永山)·강진산(姜晉山)·이양성(李陽城)·김복창(金福昌)과 나의 백씨(伯氏)뿐이다. 달성[33]의 문장은 화려하고 아름답다. 시를 지음에 있어 한퇴지(韓退之)[34]의 체를 본받아 손의 움직임에 따라 아름답기 짝이 없는 글이 되었다. 오랫동안 문형(文衡)[35]을 맡았다. 영산[36]은 책을 읽으면 반드시 외기 때문에 문장의 체를 얻어서 글이 웅방호건(雄放豪健)했다. 그와 맞서 글을 다툴 사람이 없었다. 그러나 성품이 검속하지 못해 시의 압운(押韻)에 착오가 많아 격식에 맞지 않았다. 진산[37]의 시와 글은 전아(典雅)하고 자연스러워서 여러 선비 가운데 가장 뛰어났다. 양성[38]의 시와 글은 모두 아름다웠다. 정교로운 공인(工人)이 다듬고 새긴 것과 같아서 부착(斧鑿)[39]의 흔적이 없었

---

33) 달성 : 달성군(達成君) 서거정(徐居正)을 지칭한다.

34) 한퇴지 : 한유(韓愈)를 지칭함. 송 대(宋代) 이후 성리학의 선구자였던 중국 당나라의 문학가 겸 사상가.

35) 문형 : 대제학(大提學)의 다른 이름.

36) 영산 : 영산부원군(永山府院君) 김수온(金守溫)을 지칭한다.

37) 진산 : 진산원군(晉山院君) 강몽경(姜夢卿)을 지칭한다.

38) 양성 : 양성군(陽城君) 이승소(李承召)을 지칭한다.

39) 부착 : '도끼로 찍어낸다'는 뜻. 전의되어 '문장을 깎아내고 다듬어

다. 백씨[40]의 시는 만당(晩唐)[41]의 체를 얻어서 떠가는 구름이나 흐르는 물처럼 막히는 데가 없었다. 복창은 타고난 자질이 올되었으며, 반고(班固)[42]를 따랐다. 문장이 노건(老健)했다. 《세조실록(世祖實錄)》을 편찬할 때 서사(敍事)는 대개 그의 손에서 나왔다. 이상은 모두 일대에 이름을 떨친 사람들로서 문학이 빛나고 성대했다.

낸 흔적'이라는 뜻이다.

40) 백씨 : 성현의 큰형인 성임(成任)을 지칭한다.

41) 만당 : 당(唐)나라 말기(末期). 당시(唐詩)를 한시의 작풍에 따라 초당(初唐), 중당(中唐), 성당(盛唐), 만당(晩唐)으로 나눈다. 곧 문종(文宗)에서 애제(哀帝)까지의 시기를 만당이라고 한다. 이 시기의 대표적인 시인으로는 이상은(李商隱) · 온정균(溫庭筠) · 두목(杜牧) 등이 있다.

42) 반고 : 중국 후한(後漢) 때 사람. 자는 맹견(孟堅), 《한서(漢書)》를 저술했다.

역대의 명필

우리나라에 글씨를 잘 쓰는 사람이 많다고 하지만, 모범이 될 만한 사람은 적다. 김생(金生)[43]이 글을 잘 써서 세자(細字)에 있어서는 아무리 작아도 모두 정(精)했다. 행촌(杏村)은 자앙(子昂)[44]과 같은 시대 사람으로 필세(筆勢)는 서로 적수였으나, 행서(行書)와 종횡하는 초서(草書)는 마땅히 자앙에게 양보해야 한다. 유항(柳巷)[45]도 또한 유명하다. 진(晋)나라 필법[46]을 많이 체득해 그의 글씨는 매우 굳세다. 그가 쓴 현릉비(玄陵碑)[47]는 지금도 남아 있다. 독곡(獨谷) 성석린(成石璘)의 글씨는 진밀(縝密)할 뿐이다. 나이 80에 건원릉비(健元陵碑)[48]를 썼는데도 조금도 필력이 쇠하지 않았다. 안평(安平)[49]의 글씨는

---

43) 김생 : 신라시대 글씨를 잘 쓰던 사람.

44) 자앙 : 중국 조맹부(趙孟頫)의 자(字). 시·서·화(詩書畵)로 유명하다.

45) 유항 : 한수(韓脩, 1333~1384)의 호.

46) 진체 : 중국 진(晋)나라의 명필인 왕희지(王羲之)의 필법을 말한다.

47) 현릉 : 고려 공민왕의 무덤을 말한다.

48) 건원릉 : 조선 태조 이성계(李成桂)의 무덤.

오로지 자앙의 글씨를 본받았는데, 호매(豪邁)함은 서로 상하를 다투며 늠름해 날아 움직이는 것 같다. 일찍이 예시강(倪侍講)[50]이 우리나라에 사신으로 왔다가 편제(篇題) 두 자를 보고 "이것은 보통 사람이 쓴 것이 아니니 내가 꼭 만나보았으면 좋겠다" 했다. 왕이 안평에게 가서 보도록 명했다. 시강이 그의 필적을 좋아해 "지금 중국에서는 진 학사(陳學士)가 글씨를 잘 써 이름을 떨치고 있으나 왕자에게 견준다면 미치지 못한다" 하고, 더욱 예모(禮貌)를 갖추었다. 마침내는 글씨를 받아 가지고 갔다. 그 뒤에 우리나라 사람이 중국에서 글씨를 사왔는데, 바로 그의 글씨이므로 안평이 크게 기뻐해 능한 것으로 자득(自得)했다.

당시 최흥효(崔興孝)란 선비가 있었는데, 유익(庾翼)의 법[51]을 본받아 글씨를 잘 쓴다고 자칭했다. 항상 붓주

---

49) 안평 : 세종의 셋째아들로, 그의 둘째형인 세조에게 죽은 안평대군 용(瑢).

50) 예 시강 : 1450년 조선에 사신으로 왔던 예겸(倪謙)이니 시강(侍講)은 그의 관직명이다.

51) 유익의 법 : 중국 남북조시대 서예가 유신(庾信)과 익봉(翼奉)의 서체(書體). 또는 진(晉)나라 때 형주자사(荊州刺史)를 지낸 유익(庾翼)의 서체를 말함.

머니를 가지고 여러 관청이나 대갓집을 찾아다니면서 글씨를 써주었다. 안평이 맞아들여 글씨를 청했으나, 자체(字體)가 거칠고 비루했으므로 마침내 찢어서 벽을 발라 버렸다.

백씨(伯氏)는 인재(仁齋) 강희안(姜希顔), 동래(東萊) 정난종(鄭蘭宗)과 더불어 당시에 글씨를 잘 쓰는 사람으로 불리었다. 인재는 성품이 글씨 쓰기를 꺼렸으므로 세상에 전하는 수적(手迹)이 드물다. 백씨는 병풍과 족자를 많이 썼다. 원각사비(圓覺寺碑)[52]는 더욱 정묘해, 성종이 그 필적을 보고 "잘 썼다. 명성이 헛된 것이 아니었구나" 했다. 동래는 많은 힘과 공을 들여서 글씨를 썼다. 구하는 사람이 있으면 거리낌 없이 써주어서 세상에 유포된 것이 많으나 유약해 볼만한 것이 못된다.

---

52) 원각사 : 조선 세조 때 성내에 지은 절 이름. 성임이 쓴 비석과 탑이 지금도 보존되고 있다.

역대의 화가

물상(物像)을 묘사하는 것은 하늘에서 타고난 재질이 있는 사람이 아니면 잘할 수 없다. 한 가지 물상에 능해도 모든 물상에 능하기는 더욱 어렵다. 우리나라에는 이름난 화가가 매우 적다. 근대로부터 살펴보면 공민왕(恭愍王)의 화격(畵格)이 매우 높다. 지금 도화서(圖畵署)[53]에 소장된 노국대장공주(魯國大長公主)[54]의 진영(眞影)과 흥덕사(興德寺)에 있는 〈석가출산상(釋迦出山像)〉은 모두 공민왕의 수적이다. 간혹 갑제(甲第)[55]에 산수를 그린 것이 있는데, 매우 기이하고 절묘하다. 윤평(尹泙)이란 사람도 산수화를 잘 그렸다. 지금 사대부들이 가지고 있는 사람이 많다. 그러나 필적이 평범해 기이한 정취가 없다.

조선조에 이르러서는 고인(顧仁)이라는 사람이 중국에서 왔는데, 인물을 잘 그렸다. 그 뒤에 안견(安堅) · 최경(崔涇)이 명성을 가지런히 했다. 안견의 산수화와 최경

53) 도화서 : 화가들이 배속되어 있던 관청.

54) 노국대장공주 : 고려 공민왕의 왕비였던 원(元)나라 황실의 공주.

55) 갑제 : 가장 크고 넓게 잘 지은 집.

의 인물화는 모두 신묘한 경지에 들었다. 요새 사람들이 안견의 그림을 금옥처럼 사랑해 보관하고 있다. 내가 승지가 되었을 때 궁중 안에 있던 〈청산백운도(靑山白雲圖)〉를 보았는데 참으로 세상에 드문 보배였다. 안견은 항상 말하기를 "평생의 정력이 다 여기에 있다" 했다. 최경 또한 만년에 산수와 고목을 그렸으나 마땅히 안견에게는 양보해야 한다.

그 밖에 홍천기(洪天起) · 최저(崔渚) · 안귀생(安貴生)의 무리가 산수화에 이름이 있었으나 모두 용품(庸品)[56]이다. 다만 사인 김서(金瑞)의 말[馬] 그림과 남급(南汲)의 산수화는 제법 아름다웠다. 강인재(姜仁齋)는 타고난 자질이 고묘(高妙)해 옛사람들이 생각하지 못한 것을 개척했는데, 산수화와 인물화가 모두 뛰어났다. 일찍이 그의 〈여인도(麗人圖)〉를 보니 실물과 조금도 어긋남이 없었다. 〈청학동(靑鶴洞)〉 · 〈청천강(菁川江)〉의 두 족자와 〈경운도(耕雲圖)〉[57]는 모두 기이한 보물이다. 배련(裵連)이란 사람이 산수화와 인물화를 모두 잘 그렸는데, 평생토

---

56) 용품 : 낮은 품계.

57) 경운도 : 높은 산에서 밭을 가는 그림이라고 해서 그렇게 이름을 지은 것이다.

록 최경을 알아주지 않았다. 이 때문에 안견과도 서로 미워했다. 인재는 배련에게 더 아취가 있다고 했다. 이장손(李長孫) · 오신손(吳信孫) · 진사산(秦四山) · 김효남(金孝男) · 최숙창(崔叔昌) · 석령(石齡)은 오늘날 이름은 있을지라도 아직은 모두 그림을 논할 만한 경지에 이르지 못했다.

역대의 음악가

음악은 여러 기술 가운데서도 가장 배우기 어려운 것이다. 타고난 자질이 있지 아니하면 그 진취(眞趣)를 얻을 수 없다. 삼국시대에도 각 음률의 악기가 있었으나 세대가 오래되어 자세히 살필 수 없다. 다만 지금의 현금(玄琴)은 신라에서 나왔고, 가야금(伽倻琴)은 금관(金官)[58]에서 나왔다. 대금(大笒)[59]은 당나라의 피리를 모방해 만들었는데, 그 소리가 가장 씩씩해서 악(樂)의 근본이 되었다. 향비파(鄕琵琶)[60] 역시 당나라 비파를 모방한 것이다. 줄을 매는 방법은 현금과 같다. 배우는 사람은 줄을 고르고, 뜯고, 튕기는 것을 어렵게 여긴다. 잘 타지 못하면 들을 수가 없다. 전악(典樂)[61] 송태평(宋太平)이 잘 탔는데, 그의 타는 법을 배운 아들 송전수(宋田守)는 더욱 절묘했다. 내가 어릴 때 백씨 댁에서 그 소리를 들었는데, 마고

58) 금관 : 가락국을 말한다.

59) 대금 : 우리나라의 관악기인 삼죽(三竹 : 대금, 중금, 소금)의 하나.

60) 향비파 : 우리나라의 현악기인 삼현(三絃 : 거문고, 가야금, 향비파)의 하나.

61) 전악 : 장악원(掌樂院)의 정6품 잡직(雜織)의 하나.

(麻姑)가 가려운 곳을 긁어주는[62] 것 같았다. 연이어 듣고 싶고 싫증이 나지 않았으나, 도선길(都善吉)에 미치지 못했다. 송전수 이후로는 오직 도선길이 송태평에 가까웠을 뿐 그 밖의 사람은 미치지 못했다. 지금은 이것을 잘하는 사람이 없다.

당나라의 비파에는 역시 송전수가 제일 고수인데, 도선길이 그와 더불어 이름을 가지런히 했다. 요즘은 능숙한 영인(伶人)[63]이 많이 있다. 사서인(士庶人)[64]은 악(樂)을 배울 때 반드시 비파를 먼저 한다. 그러나 아주 뛰어난 사람은 없다. 다만 김신번(金臣番)이라는 사람이 도선길의 지법(指法)을 모두 배웠다. 호방하고 구애됨이 없기는 도선길보다 나았다. 역시 현대의 제일 고수라 할 것이다.

현금(玄琴)은 기악 중에서 가장 좋은 것으로, 악을 배우는 문호(門戶)와 같다. 장님 이반(李班)이라는 사람이 있었는데, 세종에게 알려져 궁중에 출입했다. 김자려(金

---

62) 마고소양(麻姑搔癢) : 마고가 가려운 곳을 긁음. 마고는 선녀(仙女)의 이름인데, 그의 손톱이 새 발톱처럼 길었으므로 채경(蔡經)이라는 사람이 그것을 보고 손톱으로 가려운 곳을 긁었으면 시원하겠다고 생각했다는 옛이야기를 인용한 것이다.

63) 영인 : 음악, 가무를 직업으로 하는 사람.

64) 사서인 : 사대부(士大夫)와 서인(庶人)을 함께 이르는 말.

自麗)도 또한 거문고를 잘 탔다. 내가 어릴 때 듣고 그 소리를 흠모했으나 지법을 배우지 못했다. 지금 영인들의 악을 비율(比律)한다면 고태(古態)를 면치 못한다. 영인 김대정(金大丁) · 이마지(李亇知) · 권미(權美) · 장춘(張春)은 모두 한 시대의 사람이다. 당시에 논하는 사람이 말하기를 "김대정의 간엄(簡嚴)[65]한 것과 이마지의 오묘(奧妙)[66]한 것은 각각 극에 이르렀다" 했다. 김대정은 일찍 주살(誅殺)당해 그 소리를 듣지 못했다. 권미 · 장춘은 모두 범수(凡手)였고, 다만 이마지만이 사림의 사랑을 받고 임금의 총애를 입어 두 번이나 전악(典樂)이 되었다.

나는 희량(希亮) · 백인(伯仁) · 자안(子安) · 침진(琛珍) · 이의(而毅) · 기채(耆蔡) · 주지(籌之)와 함께 마지에게 가서 배웠다. 날마다 맞아오고 어떤 때는 같이 자기도 하여 그 소리를 매우 익숙하게 들었다. 그 소리는 채를 튕긴 자국이 없고 거문고 밑바닥에서 나온 것 같아서 줄을 튕겨가는 자취가 없었다. 그 소리를 들으면 심신이 놀라고 두려워진다. 참으로 절묘한 기예였다. 이마지가 죽은 뒤에도 소리만은 세상에 성행했다. 지금은 사대부집 계집

---

65) 간엄 : 음악 소리가 간결하고 장엄함을 뜻한다.

66) 오묘 : 긴요하고 현묘함. 정묘하고 아름다움.

종 중 이에 능한 사람이 있는데, 모두 이마지의 유법(遺法)을 배운 것으로서 맹인 악공들의 비루한 습성은 없다. 전악 김복(金福)과 악공 정옥경(鄭玉京)이 북[鼓]을 잘 쳐서 당시 제일 고수가 되었고, 기생(妓生) 상림춘(上林春)이 또한 거의 이에 가까웠다.

가야금은 황귀존(黃貴存)이란 사람이 잘 탄다고는 하나 아직 듣지 못했다. 또 김복산(金卜山)이 타는 것은 듣고 탄복했는데, 이제 와서 보니 너무 질박하다. 요즘에는 늙은 소사(召史)[67]가 공후(公侯)의 집에서 쫓겨 나와서 그의 독특한 소리를 퍼뜨렸다. 그 소리가 오묘해 사람들이 대적하지 못했다. 이마지도 옷섶을 여미고 자기도 미치지 못한다고 했다.

지금은 정범(鄭凡)이 장님 중에 가장 잘 탄다고 사람들의 입에 오르내리고 있다. 세종조에 허오계(許吾繼)란 사람이 있고, 이승련(李勝連), 서익성(徐益成)이 있다. 이승련은 세조에게 알려져 군직(軍職)[68]에 임명되었다. 서익성은 일본에 가서 죽었다. 지금 김도치(金都致)란 사람이

---

67) 소사 : 신라 · 고려시대에는 양민(良民)의 아내를 부르는 칭호였으며, 조선시대에는 성(姓) 아래 붙여 홀어머니라는 뜻으로 쓰였다.

68) 군직 : 중추부와 오위도총부의 벼슬을 가리킴. 본래는 군사 관제의 직무였으나 고려 말 조선 초기에는 한가한 벼슬자리로 전락했다.

있는데, 나이가 80을 넘었는데도 소리가 약하지 아니하므로 현악의 거벽(巨擘)으로 추대한다. 옛날에 김소재(金小材)란 사람이 이것을 잘했는데 역시 일본에서 죽었다. 그 뒤로는 오랫동안 폐지되어 끊어졌다. 지금 임금께서 풍류에 뜻을 두어 이를 가르치므로 잘하는 사람들이 연달아 나오고 있다.

역대의 도읍지

우리나라는 도읍(都邑)을 설치했던 곳이 한두 곳이 아니다. 김해(金海)는 금관국(金官國), 상주(尙州)는 사대국(沙代國), 남원(南原)은 대방국(帶方國), 강릉(江陵)은 임영국(臨瀛國), 춘천(春川)은 예맥국(濊貊國)의 도읍지다. 모두 좁은 땅에 웅거해 분계(分界)했으니, 지금의 소읍(小邑)과 같은 것은 이루 다 헤아릴 수 없다.

경주(慶州)는 동경(東京)인데 신라의 천년 도읍지다. 산천이 둘러 있고 땅은 기름지나, 교천(蛟川) 한 굽이가 놀 만하고 나머지는 뛰어나게 좋은 곳이 없다. 평양(平壤)은 기자(箕子)가 도읍한 곳으로 팔조(八條)[69]로 다스린 정전(井田)[70]의 제도가 지금도 역력히 남아 있다. 오늘날의 외성(外城)이 그것이다. 그 후로 연인(燕人) 위만(衛滿)이 차지했고, 또 고구려의 도읍지가 되었다. 국경의 남쪽은 한강(漢江)에 이르고, 북쪽은 요하(遼河)에 이르러, 수십

---

69) 팔조 : 고조선에서 시행되었던 8조의 금지 법령을 말함.

70) 정전 : 고대 중국의 전지제도(田地制度). 농지를 정(井) 자의 형상으로 구획해 바깥쪽의 여덟 구획은 여덟 집이 각각 경작하고 중앙의 한 구역은 여덟 집이 공동 경작해서 세금으로 바치게 한 제도.

만의 병력을 가진 가장 강성한 나라였다. 고려는 이곳에 서경(西京)을 두고 봄가을로 왕래하며 순유(巡遊)하는 곳으로 삼았다. 지금까지도 풍성한 것은 모두 그때의 유풍(遺風)이다. 영명사(永明寺)는 동명왕(東明王)의 구제궁(九梯宮)으로 기린굴(麒麟窟)과 조천석(朝天石)이 있다. 영숭전(永崇殿)은 고려의 장락궁(長樂宮) 터다. 평양의 진산(鎭山)은 금수산(錦繡山)이다. 가장 높은 봉우리는 모란봉(牡丹峰)인데, 모두가 조그마한 산으로 송도(松都)·한도(漢都)의 주악(主嶽)처럼 장엄하지 않다. 북쪽에는 물이 없어 몽고병(蒙古兵)이 거침없이 달려왔고, 남쪽은 강을 두르고 있어 묘청(妙淸)이 성을 차지해 방역을 했으니 한스러운 일이다. 성문(城門)은 크고 누각(樓閣)은 높으며 동쪽에는 대동문(大同門)·장경문(長慶門)이 있다. 남쪽에는 함구문(含毬門)·정양문(正陽門)이 있다. 서쪽에는 보통문(普通門)이 있고, 북쪽에는 칠성문(七星門)이 있다. 팔도(八都) 중에서 오직 이 도성만이 대도(大都)[71]와 서로 갑을을 겨룰 만하다. 동쪽으로 10리 구룡산(九龍山) 밑에 안하궁(安下宮) 터가 있다. 어느 시대에 만들어진 것인지는 알지 못하겠는데, 아마 이것은 별궁(別

71) 대도 : 여기서는 한양(漢陽)을 말한다.

宮)인 것 같다.

성천(成川)은 송양국(松壤國)의 도읍지였다. 옛 강동(江東)은 양국(壤國)이라고 한다. 지세는 좁으나 볼만한 산수가 있다. 용강산성(龍岡山城)이 가장 장엄한데, 지금도 높아서 무너지지 않고 있다. 모두들 용관국(龍官國)이라고 칭하는데, 무엇에 의거해 그렇게 부르는지 알 수 없다.

부여(扶餘)는 백제가 도읍했던 곳이다. 탄현(炭峴) 안에 반월성(半月城)의 옛터가 지금도 완연하다. 백마강(白馬江)을 참호(塹壕)로 삼았으나 좁고 얕아서 왕자(王者)가 살 만한 곳이 못 되었다. 소정방(蘇定方)[72]이 침입해 멸망하게 되었다. 전주(全州)는 견훤(甄萱)이 차지했던 곳이나 오래되지 않아 고려에 항복했다. 지금도 고도(古都)의 유풍(遺風)이 남아 있다.

철원(鐵原)은 궁예(弓裔)가 차지해 태봉국(泰封國)을 세웠던 곳이다. 지금도 중성(重城)의 옛터와 궁궐의 층계가 남아 있으며, 봄이면 화초가 만발한다. 지세가 막혀 강

---

72) 소정방(595~667) : 중국 당(唐)나라의 장군. 이름은 열(烈). 정방은 자(字). 현경(顯慶) 5년(660)에 나당(羅唐) 연합군의 대총관(大總官)으로서 백제의 사비성을 함락시키고, 의자왕과 태자 융(隆)을 사로잡았다.

하(江河)는 조운(漕運)이 어렵다. 오직 송도만은 왕씨(王氏)가 왕업을 일으킨 땅으로 오백 년 기업(基業)이 굳혀진 곳이다. 곡봉(鵠峰)이 주악(主嶽)이 되고 지맥이 나누어져 뻗어 나간다. 산세가 둘러 있어 조그마한 산이라도 모두 구역(區域)을 지었다. 수천(水泉)이 깨끗해 방방곡곡에 놀 만한 곳이 있다. 고종(高宗) 이후에 강화(江華)로 옮겼는데, 이는 바다 가운데 있는 조그마한 섬이므로 도읍이라고 칭할 것이 못 된다.

우리 태조께서 개국하고 도읍을 옮길 뜻이 있어, 먼저 계룡산(鷄龍山)[73] 남쪽의 지세를 보고 경읍(京邑)으로서의 규모를 살폈으나 얼마 안 되어 중지하고 다시 한양(漢陽)에다 정도(定都)했다. 풍수가들이 말하기를 "공암(孔岩)이 앞에 있단 말이 있다. 삼각산(三角山) 서쪽 영서역(迎曙驛) 들이 바로 좋은 곳이 될 것이다" 했으나, 뒤에 다시 이를 살펴보니 "산이 모두 등지고 밖을 향해 달아나는 지세였다. 백악산(白岳山)[74]의 남쪽과 목멱산(木覓山)[75]의 북쪽이 제왕 만승(萬乘)[76]의 땅으로 하늘과 더불어 끝

73) 계룡산 : 충남 공주에 있는 산.

74) 백악산 : 서울 북부에 있는 산.

75) 목멱산 : 서울 송도 등지의 남쪽 산을 목멱산이라고 한다.

이 없을 것이다"고 하여 이곳으로 정했다. 전하는 말에 "송경(松京)은 산과 골짜기가 둘러 있어 포장한 형세가 있으므로 권신(權臣)의 발호(跋扈)가 많고, 한도(漢都)는 서북쪽이 높고 동남쪽이 얕으므로, 장자(長子)가 잘되지 못하고 지자(支子)가 잘된다. 오늘날까지 왕위의 계승이나 명공(名公)·거경(鋸卿)은 지자 출신이 많다"고 한다.

76) 만승 : 일만 채의 병차(兵車). 천자(天子) 또는 천자(天子)의 자리.

한양의 경승지

한양의 도성 안에는 경치 좋은 곳이 적다. 그중에서 놀 만한 곳은 삼청동(三淸洞)이 가장 좋고, 인왕동(仁王洞)이 다음이며, 쌍계동(雙鷄洞) · 백운동(白雲洞) · 청학동(靑鶴洞)이 그다음이다.

삼청동은 소격서(昭格署)[77] 동쪽에 있다. 계림제(鷄林第)에서 북쪽은 맑은 샘물이 어지러이 서 있는 소나무 사이에서 쏟아져 나온다. 물줄기를 따라 올라가면 산은 높고 나무들은 조밀한데, 깊숙한 바위 골짜기가 있다. 얼마 못 가서 바위가 끊어지고 낭떠러지를 이룬다. 뿌리는 물이 낭떠러지에 흰 무지개를 드리운 듯하고, 흩어지는 물방울은 구슬과 같다. 그 밑은 물이 괴어 깊은 웅덩이를 이룬다. 그 언저리는 평평하고 넓어서 수십 명이 앉을 만한데, 장송(長松)이 엉기어 그늘을 이룬다. 그 위의 바위를 에워싸고 있는 것은 모두 진달래와 단풍잎이니 봄과 가을에는 붉은 그림자가 비쳐 사대부들이 많이 와서 논다. 그 위로

---

77) 소격서 : 관청의 이름. 도교(道敎)의 삼청성신(三淸星辰)을 위해 설단기제(設壇祈祭)하는 일을 맡아보던 곳이다. 삼청성신은 옥청(玉淸) · 상청(上淸) · 태청(太淸)의 삼부성신(三府星辰)을 말한다.

몇 걸음을 가면 넓은 굴이 있다.

인왕동은 인왕산 밑에 있는데, 굽이쳐 도는 깊은 골짜기가 있다. 복세암(福世庵)은 골짜기 물이 합쳐서 시내를 이루는 곳이다. 서울 사람들이 다투어 와서 활쏘기를 한다. 쌍계동은 반궁(泮宮)[78] 위 골짜기에 있다. 두 개의 샘이 시내를 이룬다. 김자고(金子固)가 시내를 끼고 집을 지어 복숭아나무를 심고 무릉도원(武陵桃園)[79]을 모방했는데 강진산(姜晋山)이 부(賦)를 지었다. 김자고가 문아(文雅)로 당시에 이름을 떨쳤으므로 호준(豪俊)한 사람들이 많이 따르며 놀았다. 백운동은 장의문(藏義門) 안에 있다. 중추(中樞) 이염의(李念義)가 여기서 살았다. 시인들이 제영(題咏)한 것이 있으나 이염의는 글을 볼 줄 몰랐으므로 명류(名流)가 아니었다. 청학동은 남학(南學)[80]의 남

78) 반궁 : 성균관의 별칭.

79) 무릉도원 : 옛날 중국 진시황(秦始皇) 때 폭정을 피해 주씨(朱氏)와 진씨(陳氏)가 깊은 산중인 무릉에 들어가 숨어 살았다고 전한다. 훗날 진나라가 망하고 한(漢)나라의 천하가 되었을 때에 한 어부가 물에 떠내려온 복숭아꽃을 따라 올라가서 무릉에 도달했는데, 그들은 진나라가 망한 것도 알지 못한 채 태평하게 살고 있었다. 그 뒤에 그들은 무릉도원이 세상에 알려질 것을 두려워해 그물을 쳐서 복숭아꽃이 떠내려가지 못하게 했다고 한다. 선원(仙源)이라고도 부른다.

80) 남학 : 사학(四學)의 하나.

쪽 골에 있다. 골이 깊고 푸른 내가 있어 놀 만한 곳이기는 하나 산에 나무가 없다. 이것이 한스러운 일이다.

도성 밖의 놀 만한 곳으로는 장의사(藏義寺) 앞 시내가 가장 아름답다. 시냇물이 삼각산 여러 골짜기에서 흘러나온다. 골짜기 속에 여제단(厲祭壇)[81]이 있다. 그 남쪽에 무이정사(武夷精舍)[82]의 옛터가 있다. 절 앞에 돌을 쌓은 것이 수십 길이나 되어 수각(水閣)을 이룬다. 절 앞 수십 보에 차일암(遮日岩)이 있다. 바위가 절벽을 이루어 시내를 베고 있는 것 같다. 바위 위에 장막을 둘던 우묵한 곳이 있다. 바위가 층층으로 포개져 계단과 같으며, 분류(奔流)가 어지러이 쏟아지는데, 청천(晴天)의 우레처럼 귀를 시끄럽게 한다. 물은 맑고 돌은 희어 선경(仙境)이 완연하므로, 와서 노는 의관자(衣冠者)들이 그치지 않는다. 물줄기를 따라 몇 리를 내려가면 불암(佛岩)이 있다. 바위에 불상을 새겼고, 시냇물이 꺾여 돌아 북쪽으로 가다가 또 곧장 서쪽으로 흐른다. 그 사이에다 옛날에는 물방아를 놓았으나 지금은 없어졌다. 거기서 얼마를 더 내려가면 홍

---

81) 여제단 : 여귀(厲鬼)를 제사하는 제단. 여귀는 제사를 못 받고 떠돌아다니는 악귀다.

82) 무이정사 : 무이산(武夷山)은 주자(朱子)가 학문을 가르쳤던 곳이며, 정사는 배우는 집이라는 뜻이다.

제원(洪濟院)이다. 홍제원 남쪽에는 조그만 언덕이 있어 큰 소나무가 가득하다. 옛날에는 이곳에 정자가 있었는데 중국 사신이 옷을 갈아입던 곳이었다. 정자가 없어진 지 이미 오래다. 사현(沙峴) 남쪽 모화관(慕華館) 사이에는 좌우에 큰 소나무와 밤나무 숲이 짙은 그늘을 이루었다. 활 쏘고 영접하고 전송하는 도성 사람들이 여기에 많이 모여들었다. 그러나 흐르는 시내가 맑지 못하다. 목멱산 남쪽 이태원(李泰院)의 들에는 높은 산에서 샘물이 솟아나오고, 절 동쪽에는 큰 소나무가 골에 가득 차 있어 빨래하는 도성 부녀자들은 이곳으로 많이 간다.

우리 백씨 집 뒤뜰 높은 언덕은 종약산(種藥山)이라고 하는데, 북쪽으로는 성도(城都)의 많은 부락을 바라보고, 서쪽으로는 큰 강을 바라다볼 수 있어 시야가 넓으나 물과 골짜기가 없는 것이 한이다. 서쪽의 진관(津寬) · 중흥(中興) · 서산(西山) 등의 골짜기와 북쪽의 청량(淸凉) · 속개(俗開) 등의 골짜기, 동쪽 풍양(豐壤)과 남쪽의 안양사(安養寺)와 같은 곳은 모두 높은 산과 큰 시내이므로 놀 만한 곳이 한두 곳이 아니다. 그러나 서울에서 거리가 가깝지 않아 놀러가는 사람이 드물다.

고금의 풍속

풍속(風俗)이 옛날과 같지 않은 것이 많다. 옛적에는 잔치를 베푼 뒤에 악(樂)을 했으며, 먼저 전두(纏頭)[83]를 갖춘 뒤에 기생을 청했다. 찬품(饌品)에도 규제가 있으며, 음악은 진작(眞勺)·만기(慢機)·자하동(紫霞洞)·횡살문(橫殺門) 등의 곡을 연주하게 하고, 조그마한 잔을 돌려 수작(酬酌)을 하나 술은 조금씩 따르고, 낮은 소리로 노래를 불렀으되 떠들고 주정하는 데까지는 이르지 않았다.

근래에는 연품(宴品)이 모두 사치스럽다. 밀과(密果)는 모두 짐승 모양으로 만들어 사용한다. 이미 찬상을 마련하고도 또 찬반(饌盤)을 마련하니 좋은 안주와 맛있는 음식이 없는 것이 없다. 탕(湯)이나 구운 고기는 모두 쌓여서 한두 가지가 아니다. 술이 끝나기도 전에 번거롭고 조급한 관현(管絃)을 뒤섞어 날랜 장고와 빠른 춤을 추되 쉴 줄 모른다. 더러는 사회(射會)를 빙자하고, 더러는 영송(迎送)을 빙자해 장막이 도문(都門) 밖에까지 나오게 된

83) 전두 : 다른 사람의 노고를 위로하고, 그 재예(才藝)를 칭찬해 상으로 주는 물건. 예물(禮物), 놀음차, 화대(花代)를 말한다.

다. 종일토록 놀면서 직무를 폐한다.

또 저사(邸舍)[84]에 세 사람만 모여도 반드시 기악(妓樂)을 쓴다. 여러 관사의 하인들이 남에게서 돈을 빌어다가 음식을 장만한다. 조금이라도 마음에 맞지 않으면 반드시 매질을 한다. 그러니 하인들은 날로 빈곤해진다. 창기(娼妓)에게도 연폐(宴幣)[85]를 주지 아니하고 아침저녁으로 뛰어다니게 하여 의복이 해지건만, 문서를 보내 청하는 사람들이 몰려드니 가지 않을 수 없다. 영관(伶官)이 악공을 모아 조악(調樂)할 수 없게까지 되었다.

옛날에 신입자(新入者)[86]를 제재한 것은 호사(豪士)의 기를 꺾고 상하의 구별을 엄격히 하여 규칙에 따르게 하는 것이었다. 바치는 물품이 물고기면 용(龍)이라 하고, 닭이면 봉(鳳)이라 했으며, 술은 청주이면 성(聖)이라 하며, 탁주이면 현(賢)이라 했으며, 그 수량도 제한이 있었다. 처음으로 관직에 나가는 것을 허참(許參)[87]이라 하고 십여

---

84) 저사 : 주점(酒店)을 말한다.

85) 연폐 : 궁중 또는 각 관아의 잔치 때에 참여한 기생이나 하인에게 주던 금품을 말한다. '놀음차'라 한다.

86) 신입자 : 새로 문과에 등과한 사람을 지칭함.

87) 허참 : 새로 나아가는 벼슬아치가 전부터 있는 벼슬아치에게 음식을 차려 대접하던 일을 말한다. 관직에 참여하는 것을 허락해 달라는

일을 지나 자리를 같이하는 것을 면신(免新)이라 하는데, 그 정도가 매우 분명했다. 그런데 오늘날에는 사관(四館)[88]뿐만 아니라, 충의위(忠義衛)·내금위(內禁衛) 등 여러 위(衛)의 군사와 이전(吏典)의 복예(僕隷)들도 새로 배속된 사람을 괴롭혀서 여러 가지 진귀한 음식을 졸라서 바치게 하는 데 한이 없다. 조금이라도 마음에 흡족하지 않으면 한 달이 지나도 동좌(同坐)를 불허한다. 사람마다 연회를 베풀게 하되 만약 기악(妓樂)이 없으면 간접으로 관계되는 사람에게 책임을 추궁하는 것이 끝이 없다.

옛날에는 혼가의 납채(納采)[89]에는 옷 몇 가지만을 썼고, 혼례식 날 저녁에는 찾아온 종친들이 모여서 한 상의 음식과 술 두세 잔만으로 그쳤다. 요즈음은 납채에 모두 채단(采緞)을 사용하는데 많은 것은 수십 필, 적어도 수 필에 이른다. 납채를 싸는 보자기도 명주나 비단을 쓴다. 혼례식 날 저녁에도 연회를 베풀어 손님들을 위안하며, 신랑이 타는 말안장도 사치스럽게 꾸미려고 힘쓴다. 또 재물

뜻이 있다.

88) 사관 : 홍문관(弘文館)·예문관(藝文館)·승문관(承文館)·교서관(校書館).

89) 납채 : 혼약이 이루어졌을 때에 신랑 집에서 신부 집에 예물로 보내는 물건인데, 푸른 비단과 붉은 비단을 보냈다.

이 든 함을 지고 앞서 가는 자도 있었다. 나라에서 법을 만들어 이를 금하니 미리 이것을 보낸다.

옛날에는 매매(賣買)에 부정이 없어서 값이 오르지 않았다. 오늘날에는 간교가 날로 심해 물건에 반은 잡것이 섞여 있고, 한 자 되는 생선을 겉곡식 한 말과 서로 바꾼다. 한 수레의 값도 여러 가지가 있어 한 바리의 수포(輸布)[90]와 바꾸는 데까지 이르렀다. 염가(染家)[91]에서 가장 심하다. 값이 비싸서 견디기 어려우나 부자들은 오히려 사치를 일삼아 값을 다투지 않아서 값만 더할 뿐이다. 성안에 사는 사람이 점점 많아져 옛날에 비해 열 배나 되고, 성 밖에 이르기까지 주택이 즐비하다. 공·사의 집을 모두 높고 크게만 얽으니 재목이 몹시 귀해져서 심산(深山) 벽곡(僻谷)의 것도 모두 베어냈다. 강을 따라 뗏목을 띄우는 사람들의 고통은 더욱 심하다. 비록 세상이 날로 변한다고도 하나, 태평스러운 세상에 예문(禮文)을 번거롭게 하는 데만 힘쓴 탓일 것이다.

---

90) 수포 : 15세기에는 베나 무명을 화폐로 쓰고 있었다. 수포도 그러한 화폐용 포목의 일종을 말하는 것 아닌가 의심된다.

91) 염가 : 염색하는 집을 지칭한다.

처용희(處容戲)

처용희(處容戲)는 신라 헌강왕(憲康王) 때부터 시작되었다. 신인(神人)이 바다에서 나와 처음에는 개운포(開雲浦)[92]에 나타났다가 왕도(王都)[93]로 들어왔는데, 그 사람됨이 기위(奇偉)하고 독특해 노래와 춤추기를 좋아했다. 익재(益齋)[94]의 시에 "조개 같은 이와 붉은 얼굴로 달밤에 노래하는데, 솔개 같은 어깨에 붉은 소매가 봄바람에 춤춘다(貝齒赬顔歌夜月, 鳶肩紫袖舞春風)" 한 것이 이것이다.

처음에는 한 사람이 검은 베옷에 사모(紗帽)[95]를 쓰고 춤을 추었는데, 그 뒤에 오방처용(五方處容)이 있게 되었다. 세종이 그곳 절을 참작해 가사(歌辭)를 개찬(改撰)해 〈봉황음(鳳凰吟)〉이라 이름하고, 마침내 묘정(廟廷)의 정악(正樂)[96]으로 삼았다. 세조가 그 제도를 크게 늘려 악(樂)을 합주(合奏)하게 했다.

---

92) 개운포 : 경남 울산을 지칭한다.

93) 왕도 : 경주를 지칭한다.

94) 익재 : 고려 후기의 문인 이제현(李齊賢)의 호.

95) 사모 : 조선시대의 공식적 회합이나 행사에 쓰던 모자의 일종.

96) 정악 : 국가적 의례에 공식적으로 사용되는 음악이다.

처음에 승도(僧徒)가 불공하는 것을 모방해 기생들이 영산회상불보살(靈山會相佛菩薩)을 제창하며, 외정(外廷)을 돌아 들어오면 영인들이 각각 악기를 잡는다. 쌍학인(雙鶴人) · 오처용(五處容)의 가면 10명이 모두 따라가면서 느리게 세 번 노래하고, 자리에 들어가 소리를 점점 돋우다가 큰북을 두드린다. 영인과 기생이 한참 동안 몸을 흔들며 발을 움직이다가 멈추면 이때 연화대(蓮花臺) 놀이를 시작한다.

먼저 향산(香山)과 지당(池塘)을 마련하고 주위에 한 길이 넘는 높이의 채화(彩花)를 꽂는다. 또 좌우에 그림을 그린 등롱(燈籠)이 있는데, 그 사이에 달아놓은 유소(流蘇)가 어른거린다. 연못 앞에는 동쪽과 서쪽에 큰 연꽃 받침을 놓는데 어린 기녀가 그 속에 들어가 있다. 〈보허자(步虛子)〉[97]를 주악(奏樂)하면 쌍학(雙鶴)이 곡조에 따라 너울너울 춤추면서 연꽃 받침을 쪼아댄다. 그러면 두 어린 기녀가 꽃받침을 헤치고 나와 마주보기도 하고 등지기도 하며 뛰면서 춤을 춘다. 이를 '동동(動動)'이라고 한다.

이때 쌍학은 물러가고 처용이 들어온다. 처음에는 만

---

97) 보허자 : 궁중 연례악(宴禮樂)의 하나. 현악보허자(絃樂步虛子), 황하청(黃河淸)이라고도 한다.

기곡(緩機曲)을 연주한다. 처용이 열을 지어 서서 때때로 소매를 당기어 춤을 춘다. 다음에 중기곡(中機曲)을 연주하면 처용 다섯 사람이 각각 오방(五方)으로 나누어 서서 소매를 떨치고 춤을 춘다. 그다음에 촉기곡(促機曲)을 연주하는데, 신방곡(新房曲)에 따라 너울너울 어지러이 춤을 춘다. 끝으로 북전곡(北殿曲)을 연주하면 처용이 물러가 자리에 열을 지어 선다. 이때 기생 한 사람이 '나무아미타불'을 창하면, 여러 사람이 따라서 화창(和唱)한다. 또 관음찬(觀音贊)[98]을 세 번 부르면서 빙 돌아나간다.

매년 섣달그믐 밤이면 창경궁과 창덕궁의 전정(殿庭)으로 나누어 들어가서 처용희를 한다. 창경궁에서는 기악(妓樂)을 쓰고, 창덕궁에서는 가동(歌童)을 쓴다. 새벽에 이르도록 주악하고 영인과 기녀에게 각각 포물(布物)을 하사한다. 사귀(邪鬼)를 물리치기 위한 것이다.

98) 관음찬 : 관음보살을 예찬해 지은 글.

관화(觀火)

관화(觀火)의 예는 군기시(軍器寺)[99]에서 주관한다. 미리 기구를 뒤뜰에 설치하는데, 대 · 중 · 소의 예가 있다. 비용이 많이 든다. 그 방법은 두꺼운 종이로 포통(砲筒)[100]을 겹으로 싸고, 그 속에 석유황(石硫黃) · 반묘(班猫)[101] · 유회(柳灰) 등을 넣어 단단히 막고 이를 다진다. 그 끝에 불을 붙이면 조금 있다가 연기가 나고 불이 번쩍하면서 통과하면 종이가 모두 터지는데, 소리가 천지를 흔든다.

처음 시작할 때 수많은 불화살[火矢]을 동원산(東遠山)에 묻어놓았다가 불을 붙이면 수많은 화살이 하늘로 튀어 오른다. 터질 때마다 소리가 나고, 그 모양이 마치 유성(流星)과 같아서 온 하늘에 번쩍번쩍 빛난다. 또 긴 장대 수십 개를 금원(禁苑) 안에 세워놓고, 장대 끝에 작은 주머니를 달아둔다. 임금님 앞에는 채색한 등롱을 달아놓고, 채롱

99) 군기시 : 무기 제조를 맡은 관청.

100) 프통 : 총통보다 크거나 비슷한 크기의 무기.

101) 반묘 : 가뢰를 한방(韓方)에서 약재(藥材)로 부르는 이름. 성질이 차고 유독성임.

밑에 긴 새끼줄로 여러 장대를 얽어 종횡으로 서로 연결하고, 새끼줄 꼭지마다 화살을 꽂는다. 군기시정(軍機寺正)[102]이 불을 받들어 채롱 속에 넣으면 잠깐 사이에 불이 일어나고 불꽃이 새끼에 떨어지면 화살은 또 새끼줄을 따라 달려가서 장대에 붙는다. 장대에 작은 주머니가 달려 있는데, 끊어지면 불빛이 빙빙 돈다. 마치 돌아가는 수레바퀴 모양 같다. 화살은 또 새끼줄을 따라 달려가서 다른 장대에 붙는다. 이와 같이 달려가서 붙기를 계속해 그치지 않는다.

또 엎드린 거북 모양을 만들어 불이 거북의 입에서 나와 연기와 불꽃이 어지럽게 쏟아져 불물이 흘러내리는 것처럼 보인다. 거북 위에다 만수비(萬壽碑)[103]를 세우고 불을 비(碑) 속에 밝혀 비면의 글자를 똑똑히 비치게 한다. 또 장대 위에 그림 족자를 말아서 끈으로 매어놓는다. 불이 끈을 타고 올라가서 불이 활활 타 끈이 끊어지고 그림 족자가 아래로 펼쳐지는데 족자 속의 글자를 똑똑히 분

---

102) 군기시정 : 조선시대의 관직 중 하나. 군수품 출납을 맡아보던 군자감(軍資監), 국가의 제사 · 시호(謚號) 등을 맡아보던 봉상시(奉常寺), 궁중 음식을 맡아보던 사옹원(司饔院), 새보(璽寶) · 부패(符牌) 등을 맡아보던 상서원(尙瑞院)의 정3품 벼슬이다.

103) 만수비 : 임금이 오래 살기를 축복하는 말을 새긴 비석.

별할 수 있게 된다.

또 긴 수풀을 만들고, 꽃잎과 포도 모양을 새겨놓는다. 불이 한구석에서 일어나면 잠깐 사이에 수풀을 불태우고, 불이 다 타고 연기가 없어지면 붉은 꽃봉오리와 푸른 나뭇잎 모양이 아래로 늘어진 쥐방울 열매[馬乳]처럼 되는데, 진짜인지 가짜인지 분간하기 어렵다. 또 가면을 쓴 광대가 등 위에 목판을 지는데 목판 위에 주머니를 단다. 불이 댕기어 주머니가 터지고 불이 다 타도록 소리치며 춤추되 조금도 두려워하지 않는다.

이런 것이 그 대략인데, 임금님은 후원(後園) 소나무 언덕에 납시어 문(文)·무(武) 2품 이상의 재상들을 불러 입시(入侍)하게 하고, 밤이 깊어서야 파한다.

구나(驅儺)

구나(驅儺)[104]의 일은 관상감(觀象監)[105]이 주관한다. 섣달그믐 전날 밤에 창덕궁과 창경궁의 뜰에서 한다. 그 제도는 붉은 옷에 가면을 쓴 악공(樂工) 한 사람은 창사(唱師)[106]가 되고, 황금빛 네 눈의 곰 껍질을 쓴 방상시(方相氏)[107] 네 사람은 창을 잡고 서로 친다. 지군(指軍)[108] 5명은 붉은 옷과 가면에 화립(畵笠)을 쓰며, 판관(判官) 5명은 푸른 옷과 가면에 화립을 쓴다. 조왕신(竈王神)[109] 4명은 푸른 도포・복두(樸頭)・목홀(木笏)[110]에 가면을 쓴

---

104) 구나 : 역귀(疫鬼)를 물리치는 일.

105) 관상감 : 천문과 역서를 맡은 관청.

106) 창사 : 여러 사람이 노래를 부르거나 구호를 외칠 때 앞장서서 소리를 내어 여러 사람을 유도하는 사람.

107) 방상시 : 역귀를 구축(驅逐)한 사람의 이름. 방상시는 곰의 가죽을 쓰고, 황금색의 네 눈을 가졌으며, 붉은 옷, 검정 치마를 입고 창과 방패를 잡은 차림을 했다. 구나의 주역이 되는 사람을 방상시라고 한다. 또는 장례의식 때 장렬(葬列)을 앞에서 이끄는 사람이 가지는 도구의 한 가지를 말한다.

108) 지군 : 지군(持軍). 나자(儺者)의 하나로 붉은 옷에 탈과 화립(畵笠)을 썼다.

109) 조왕신 : 부엌신(神)을 말한다.

다. 소매(小梅)[111] 몇 사람은 여삼(女衫)을 입고 가면을 쓰고 저고리 치마를 입는다. 모두 홍록(紅綠)으로 하고, 손에 긴 장대를 잡는다. 십이신(十二神)[112]은 모두 귀신의 가면을 쓴다. 예를 들면 자신(子神)은 쥐 모양의 가면을 쓰고, 축신(丑神)은 소 모양의 가면을 쓴다. 또 악공 10여 명은 도열(桃茢)[113]을 들고 이를 따른다. 아이들 수십 명을 뽑아서 붉은 옷과 붉은 두건으로 가면을 씌어 진자(侲子)[114]로 삼는다.

창사가 큰 소리로 "갑작(甲作)은 흉(胸)을 먹고, 불위(胇胃)는 범[虎]을 먹고, 웅백(雄伯)은 매(魅)를 먹고, 등간(騰簡)은 불상(不祥)을 먹고, 남제(攬諸)는 고백(姑伯)을 먹고, 기(奇)는 몽강양조(夢强梁祖)를 먹고, 명공(明共)은

---

110) 목홀 : 나무로 만든 홀(笏). 옛날 관리들이 필요한 일을 기록하기 위해 상아(象牙)나 나무로 만든 조그마한 조각을 가지고 다녔다.

111) 소매 : 초라니. 나자의 하나로 기괴한 모양의 여자 탈을 쓰고 위에는 붉은 옷을 입고 아래에는 누른 옷을 입고 대가 긴 깃발을 들었다.

112) 십이신 : 십이지를 상징하는 신이다. 즉, 자(子, 쥐), 축(丑, 소), 인(寅, 범), 묘(卯, 토끼), 진(辰, 용), 사(巳, 뱀), 오(午, 말), 미(未, 양), 신(申, 원숭이), 유(酉, 닭), 술(戌, 개), 해(亥, 돼지)의 신이다.

113) 도열 : 부정풀이할 때 사용하는 복숭아나무 가지로 만든 빗자루를 말한다.

114) 진자 : 옛날 역귀의 구축(驅逐)을 맡은 사람을 말한다.

목사기생(木死寄生)을 먹고, 위함(委陷)은 츤(儭)을 먹고, 착단(錯斷)은 거궁기등(拒窮奇騰)을 먹고, 근공(根共)은 고(蠱)를 먹을지니,[115] 오직 너희들 12신은 급히 가되 머무르지 마라. 만약 더 머무르면 네 몸을 으르대고, 너의 간절(幹節)[116]을 부글부글 끓여 너의 고기를 헤쳐서 너의 간장을 뽑아내리니, 그때 후회함이 없도록 하라" 한다. 진자가 "예" 하고 머리를 조아리며 복죄(服罪)한다. 여러 사람이 "북과 징을 쳐라" 하면서 이들을 쫓아낸다.

---

115) 갑작(甲作)~먹을지니 : 갑작 등은 모두 중국의 옛 책에 나오는 귀신 또는 상상적인 동물로 역병(疫病)을 쫓는다고 한다.

116) 간절 : 간(幹)은 등뼈이고, 절(節)은 마디를 뜻한다. 곧 등뼈의 마디를 말한다.

대관(臺官)과 간관(諫官)

대관(臺官)과 간관(諫官)이 일체(一體)라고 하나 실은 같지 않다. 대관은 풍교(風敎)를 규찰하고, 간관은 임금의 과실을 바로잡는다. 대관은 한 위계가 높아갈수록 상관 하관의 구별이 더욱 엄격하다. 지평(持平)[117]은 섬돌 밑에 내려가서 장령(掌令)[118]을 맞이하고, 장령은 집의(執義)[119]를 맞으며, 집의 이하는 대사헌(大司憲)[120]을 맞는 것이 상례다. 평상시에는 다시청(茶時廳)[121]에 좌정하고, 재좌(齋坐)[122]날에는 재좌청(齋坐廳)에 좌정한다. 재좌청에 좌기하는 날에는 새벽에 사대장(四臺長)[123]이 먼저 청에 들어간다. 집의는 따로 청에 들어간다. 만약 하관(下

117) 지평 : 사헌부의 관직 이름.

118) 장령 : 사헌부의 관직 이름.

119) 집의 : 사헌부에서 둘째가는 높은 자리다.

120) 대사헌 : 사헌부의 장관.

121) 다시청 : '다시(茶時)'는 차를 마실 때란 뜻이니 보통 때를 의미한다.

122) 재좌 : 관청의 관리가 모여서 공사를 처리함.

123) 대장 : 지평과 장령을 가리킴.

官)이 아직 오지 않았으면 상관이 먼저 왔더라도 의막(依幕)[124]에서 하관을 기다린 연후에야 들어간다. 대헌(大憲)이 문에 들어서면 사대장은 중문(中門) 밖에서 공손히 맞아들이고, 집의는 중문 안에서 맞아들이며, 다시 청으로 들어간다. 대헌이 대청에 앉으면 도리(都吏)[125]는 대장청(臺長廳)에 나아가 "재좌"라고 네 번 외치고, 집의청(執義廳)에 나아가서 "재좌"라고 한 번 외치며, 또 대헌 앞에 나아가 "재좌"라고 한 번 외친 뒤에 물러난다. 집의가 대정 북쪽 바라지 문의 발[簾]을 걷고 들어와서 재배례(再拜禮)를 마치고 사대장이 뜰아래 있는 북문으로 들어와 섬돌 위에 열을 지어 선 뒤에 청 위로 올라가서 재배례를 끝낸다. 이 예가 끝나면 모든 감찰(監察)[126]이 뜰에 들어와 뵈옵기를 청한다. 분대(坌臺)[127]의 서리(書吏)가 달려와서 고하면 감찰이 차례대로 청 위로 올라가서 절을 하고 물러난다. 그다음에 서리와 나장(羅將)[128]이 차례대로 들

---

124) 의막 : 정식의 방과 마루가 아니고 임시로 들어앉도록 만든 처소다.

125) 도리 : 서리 가운데 책임을 맡은 관리.

126) 감찰 : 사헌부의 구성원으로서 직접 규찰의 책임을 지고 있으나 따로 회의를 구성하고 있다.

127) 분대 : 감찰들로 구성된 부분을 가리킨다.

어와 재배한다. 이윽고 각자가 자리에 나아가는데, 대사헌은 의자에 앉고 나머지는 모두 승상(繩床)[129]에 앉는다. 아전 여섯 사람이 각각 탕약(湯藥) 그릇을 들고 여러 사람 앞에 무릎을 꿇으면 한 아전이 봉약집종(奉藥執鍾)[130]이라고 외친다. 또 정음(正飮)이라고 외치면 이를 마신다. 방약(放藥)이라고 외치면 그릇을 물리친다. 또 한 명의 아전이 정좌정공사(正坐正公事)라고 하면 여러 사람이 일어나 읍하고 다시 자리에 돌아간다. 이윽고 둥근 의석(議席)을 당 위에 깔고 모두 자리에 앉는다. 새로 벼슬에 임명된 자가 있으면 서경(署經)[131]하고, 탄핵할 일이 있으면 이를 논박한다. 이날의 청사(廳事)가 끝나면 집의 이하는 청으로 다시 나아간다. 한 하인이 중문 안에서 신시(申時)라고

---

128) 나장 : 직접 법을 집행하는 하인이다.

129) 승상 : 직사각형의 가죽 두 끝에 네모진 다리를 대어 접고 펴는 물건. 옛날 벼슬아치들이 하인에게 들려 갖고 다니던, 팔걸이와 등받이가 없는 작은 의자를 가리킨다. 지금은 낚시꾼들이 가지고 다니는 납작의자나 보조용 의자를 가리키는 말로 쓰인다.

130) 봉약 : 여기서 약이란 말은 병이 났을 때 먹는 약이 아니고 꿀 따위를 가리키는 것이다.

131) 서경 : 이조에서는 새로 임명된 관리의 사령장이나 새로 제정한 법령에 반드시 사헌부 및 사간원의 동의를 요구한다. 그 동의를 표시하기 위해서 서명하는 것을 서경이라 한다.

세 번 외친다. 또 한 사람의 아전이 문 안에서 공청봉궤(公聽封匱)라 외치면 대장(臺帳)이 나온다. 이렇게 차례로 공손히 전송하며 길을 갈 때에도 각각 차례대로 간다. 이것이 대신들의 관례다.

간관은 그렇지 않다. 존비(尊卑)의 예가 없다. 상하가 기다리지 않고 들어간다. 만약 상관이 먼저 들어오고 하관이 나중에 들어오면 상관이라 할지라도 북면(北面)하고 서서 하관을 기다려 서로 읍하고 자리에 앉는다. 재좌하는 날에 약을 마시는 것과 공사(公事)를 행하는 것은 한결같이 대부(臺府)와 같다. 완의석(完議席)[132]을 베풀고 술상을 차려 아란배(鵞卵杯)[133]로 서로 주작해 술이 취해야 술자리를 거둔다. 또 뒤뜰의 모정(茅亭)에 나아가 옷도 벗고 누워서 쉬며, 원중(院中)이 추우나 물건이 없으면 선생의 책상을 가져다 앉기도 하고, 표범과 사슴의 껍질을 깔기도 한다. 원(苑) 안의 배나 대추를 따서 각 관사에 돌려 팔기도 한다. 포물을 얻으면 반드시 주식(酒食)의 비용에 충당한다. 평상시에 소요되는 경비는 오로지 사헌부(司憲府)에서 타다가 쓴다. 간관의 벼슬에 임명된 자는 으레 술

---

132) 완의석 : 공사가 다 끝난 후 놀 때 펴는 자리.

133) 아란배 : 사간원에서 전해오는 술잔 이름.

자리를 차려 동료를 청해 함께 마신다. 여러 곳의 연희에도 역시 참석한다.

감찰(監察)의 신참례(新參禮)

감찰(監察)[134]은 옛날의 전중시어사(殿中侍御史)[135]의 벼슬이다. 그중에서 직급이 높은 자가 방주(房主)가 된다. 상하의 관원이 함께 내방(內房)에 들어가 정좌하며, 외방(外房)은 배직한 순위에 따라 좌차(坐次)를 삼는다. 그중에서 수석에 있는 사람을 비방주(枇房主)[136]라 한다. 새로 들어온 사람을 신귀(新鬼)라 하여 여러 가지로 욕보인다. 방 가운데서 서까래만 한 긴 나무를 귀(鬼)[137]로 하여금 들게 하는데, 이것을 경홀(擎笏)[138]이라 한다. 들지 못하면 귀는 선생(先生)[139] 앞에 무릎을 꿇게 하고, 선배

---

134) 감찰 : 조선시대 사헌부(司憲府)에 속해 관리들의 비위 감시, 회계 감사, 의전(儀典) 감독 따위의 일들을 맡아 하던 정6품 벼슬.

135) 전중시어사 : 전중은 전중감, 전중성으로 일컫던 부서 이름이고 시어사는 벼슬 이름이다.

136) 비방주 : 조선시대 사헌부의 감찰 가운데 외방의 책임을 맡은 직책이다.

137) 귀 : 신입자(新入者)를 말한다.

138) 경홀 : 홀을 든다는 뜻인데 긴 나무를 홀에 비유한 말이다.

139) 선생 : 구관(舊官)을 말한다.

들이 윗사람으로부터 아랫사람으로 내려가면서 차례로 주먹으로 구타한다.

또 신귀로 하여금 물고기 잡는 놀이를 하게 한다. 귀가 연못에 들어가 사모(紗帽)로 물을 퍼내서 의복이 모두 더러워진다. 또 거미 잡는 놀이를 하게 하는데, 귀가 손으로 부엌 벽을 문질러 두 손이 옻칠을 하듯 검어지면 손을 씻게 하는데, 그 더러운 물을 귀로 하여금 마시게 하니 토하지 않는 사람이 없다. 날마다 선생 집에 던져 넣게 하고, 또 선생이 수시로 귀의 집에 몰려가면 귀는 사모를 거꾸로 쓰고 나와 맞이한다. 당중(堂中)에 술자리를 마련하고 선배에게 모두 여자 한 사람씩을 안겨주는데, 이를 안침(安枕)이라 한다. 술이 거나하면 〈상대별곡(霜臺別曲)〉[140]을 노래한다. 대관(臺官)[141]이 재좌(齋坐)하는 날에 이르러서 비로소 자리에 앉는 것을 허용한다. 이튿날 아침 일찍 청에 나아가면 상관인 대리(臺吏)가 함께 뜰 안으로 들어가 뵙는다. 예가 끝나기도 전에 밤에 숙직한 선배들이 방

140) 〈상대별곡〉 : 조선 초기에 권근(權近)이 지은 노래. 사헌부의 별칭인 상대(霜臺)의 생활을 노래한 것으로 정돈된 조선의 제도를 찬양한 것이다. 전체 5장으로 되어 있다.

141) 대관 : 조선시대에 설치한 사헌부의 대사헌 이하 지평까지의 벼슬이다.

안에서 목침을 가지고 큰소리를 지르며 친다. 신귀가 빨리 달아나 밖으로 나온다. 만약 지체하다가는 몽둥이에 얻어맞기도 한다.

이런 풍습의 유래는 이미 오래되었다. 성종이 이를 싫어해 모든 신래자를 괴롭히는 일을 엄하게 금했다. 그 풍습이 조금은 수그러들었으나 아직도 구습 그대로 폐하지 않은 것이 많다.

승정원(承政院)

승정원은 '후설(喉舌)의 직(職)'[142]으로 왕명을 출납하니 그 맡은 일이 가장 중대하다. 승지에 임명된 자를 사람들이 모두 신선처럼 우러러본다. 흔히 은대학사(銀臺學士)[143]라고 부른다. 예전에는 성문(城門)과 궁문(宮門)은 모두 파루(罷漏)[144]를 치면 열고, 인정(人定)[145]을 친 뒤에 닫았다. 승지들은 4경(更)에 궁궐에 나아가 문 열기를 기다려 들어갔다가 밤이 깊어서야 집에 돌아온다. 남이(南怡)의 난에 예종의 명령으로 궁문은 날이 밝을 때 열고 어두울 무렵에 닫게 하니 사람들이 편안하게 여겼다. 또한 폐가 되는 일도 없으므로 지금까지 그대로 준수하고

---

142) 후설지임(喉舌之任) : 목구멍과 혀와 같은 임무라는 뜻으로, 승지(承旨)의 직무를 말한다. 승지는 왕명(王命)을 출납하는 임무를 맡았으므로 '후설지임'이라고 한 것이다.

143) 은대학사 : 은대는 승정원(承政院)의 별칭. 학사는 문학 관계의 관리들을 일컫는 말이다.

144) 파루 : 종을 쳐서 야간의 통금을 해제하는 일. 오경삼점(五更三點)에 큰 종을 33번 친다.

145) 인정 : 종을 쳐서 야간의 통행을 금지하는 일. 매일 저녁 2경(二更)에 종각의 종을 28번 쳐서 통행을 금지했다.

있다.

예전에는 승지 한 사람만 입직했다. 세조 때 승지 이호연(李浩然)이 입직했는데 세조가 공사(公事)를 하문(下問)해도 호연이 일어나지 못했다. 이로부터 매양 두 사람씩 입적하게 했다. 이전에는 승정원의 하인들도 모두 은패(銀牌)를 띠고 붉은 옷을 입고 별초(別抄)[146]가 이를 따랐다. 세조가 별초를 없애고 다만 몇 명만 남겨두어 사옹원(司饔院)[147]에 속하게 했다. 여러 곳에 술을 하사할 때만 붉은 옷을 입고 가게 했다.

---

146) 별초 : 별초군(別抄軍)으로 고려시대에 정규 군대 이외에 특별히 조직한 군대를 말한다. 명종 4년(1174)에 설치한 야별초가 그 시초이며, 뒤에 삼별초로 발전했다.

147) 사옹원 : 임금이 먹는 반찬을 공급하는 관청. 여기서 사기(沙器)를 굽는 것까지 맡아보았다.

용재총화 권2(慵齋叢話 卷之二)

집현전(集賢殿)과 홍문관(弘文館)

세종께서 집현전(集賢殿)을 설치해 문사 가운데 이름 있는 20명을 뽑아 경연관(經筵官)[148]을 겸하게 하고 모든 문한(文翰)의 일을 맡겼다. 아침 일찍 출근하고 늦게야 일을 마쳤으며, 일관(日官)이 때를 알려야만 비로소 퇴근했다. 아침저녁의 식사 때에는 내관(內官)[149]에서 대객(對客)하도록 했다. 신하를 융숭하게 대우하는 뜻이 지극했다. 이로 말미암아 다투어 근면해 웅재(雄才)와 거사(鉅士)들이 많이 나왔다. 정하동(鄭河東)[150] · 정봉원(鄭蓬原)[151] · 최영성(崔寧城) · 이연성(李延城) · 신고령(申高靈) · 서달성(徐達城) · 강진산(姜晋山) · 두 명의 이양성(李陽城)[152] · 두 명의 성하산(成夏山)[153] · 김복창(金福

148) 경연관 : 임금이 공부하기 위해 설치한 기관이다.

149) 내관 : 궁중에서 심부름하는 환관으로 본래는 관리들과 직접 접촉하지 못했다.

150) 정하동 : 정인지(鄭麟趾)를 지칭한다.

151) 정봉원 : 봉원부원군 정창손(鄭昌孫)을 지칭한다.

152) 두 명의 이양성 : 한 사람은 이승소(李承召), 다른 한 사람은 이예(李芮)를 가리킨다.

昌)·임서하(任西河)[154]·노선성(盧宣城)[155]·이광성(李廣城)·홍익성(洪益城)·이연안(李延安)·양남원(梁南原)[156], 성삼문(成三問)·박팽년(朴彭年)·이개(李塏)·유성원(柳誠源)·하위지(河緯地) 같은 이는 모두 걸출한 사람들이다. 그 밖에 문원(文苑)에서 유명한 이들은 이루 헤아릴 수 없다.

병자년의 난[丙子之亂][157]에 세조께서 집현전을 폐지

---

153) 두 명의 성하산 : 성현의 큰형인 성임(成任)과 둘째 형인 성간(成侃)을 말한다.

154) 임서하(1423~1500) : 서하군(西河君) 임원준(任元濬)을 가리킨다. 조선 전기의 문신·의학자. 자는 자심(子深). 호는 사우당(四友堂). 경사(經史)에 밝고 문장이 뛰어났으며, 특히 의학에 정통했다. 저서에 《창진집(瘡疹集)》이 있다.

155) 노선성(1427~1498) : 선성부원군(宣城府院君) 노사신(盧思愼)을 가리킨다. 노사신은 조선시대의 문신·학자. 자는 자반(子胖). 호는 보진재(葆眞齋)·천은당(天隱堂). 지평, 직제학 등을 거쳐 영의정을 지냈다. 세조 때 《경국대전(經國大典)》의 호전(戶典)을 편찬하고, 성종 때 《삼국사절요(三國史節要)》, 《동국여지승람(東國輿地勝覽)》을 편찬했다.

156) 양남원(1414~1482) : 남원군(南原君) 양성지(梁誠之)를 가리킨다. 조선 성종 때의 문신·학자. 자는 순부(純夫). 호는 눌재(訥齋). 집현전 직제학, 홍문관 대제학 등을 지내면서 《팔도지리지(八道地理志)》, 《해동성씨록(海東姓氏錄)》, 《여지승람(輿地勝覽)》 등을 편찬했다. 저서에 《눌재집(訥齋集)》 등이 있다.

하고 문신 수십 명을 뽑아 겸예문(兼藝文)[158]이라 하여 나날이 만나보고 논사(論思)했다. 성종께서 즉위하자 집현전에 의거해 다시 홍문관(弘文館)을 설치했다. 또 본관(本官)으로서 경연관을 겸하게 하여 대우하기를 더욱 두텁게 했다. 매양 궁중에서 빚은 술을 하사하고, 또 승정원에 불러 모아 승지로 하여금 대음(對飮)하게 했다. 용산(龍山) 강가에 집을 지어놓고 관관(館官)에게 번(番)을 나누어 독서하게 했다. 또 상사(上巳)·중추(中秋)·중양(重陽)[159]의 명절에는 교외에서 놀게 하고, 넉넉하게 주악(酒樂)을 내렸으니, 그들에 대한 은총과 영광은 더할 수 없었다. 그러나 문명(文名)이 있는 자는 세종조만큼 번성하지는 않았다.

---

157) 병자지난 : 세조 2년 6월에 성삼문, 박팽년 등 육신(六臣)이 상왕(上王)의 복립(復立)을 도모하다가 주륙(誅戮)된 사건을 말한다.

158) 겸예문 : 1456년(세조 2) 집현전이 폐지된 후 한문 연구 및 문한(文翰) 등의 일부 기능을 담당하게 하기 위해 설치하고, 다른 관서의 관원이 이를 겸하게 했다. 당대의 명망 있는 문사들이 임명되어 집현전 학사와 같은 기능을 수행했으나 1463년 홍문관이 설치된 후 폐지되었다.

159) 중양 : 세시 명절의 하나로 음력 9월 9일을 이른다. 이날 남자들은 시를 짓고 각 가정에서는 국화전을 만들어 먹고 놀았다.

과거제도(科擧制度)

고려조의 과거(科擧)에는 다만 지공거(知貢擧) 1명과 동공거(同貢擧) 1명이 있었는데,[160] 이들을 미리 차정(差定)했기 때문에 홍분유취(紅粉乳臭)[161]의 빈축을 면하지 못했다. 국초에도 여전히 구폐를 이어오다가 세종 때 이르러 격례(格例)를 고쳐 모두 선제(先制)를 썼다. 이조(吏曹)에서 시관(試官)으로 마땅하다고 생각하는 사람을 임시로 입계(入啓)해 낙점(落點)[162]을 받는다. 시관으로 임명된 자는 왕명을 받들어 시험장에 나누어 간다. 삼관(三館)[163]에다 응시자들을 모아놓고 그날 새벽에 이름을 하

---

160) 지공거, 동공거 : 고려 때 과거의 고시관을 지공거라 하고, 지공거를 보좌하는 고시관을 동지공거(同知貢擧)라고 했다. 지공거와 동공거 두 사람만으로 과거의 합격 · 불합격을 결정했으며, 과거가 있기 전에 미리 차정하기 때문에 정실이 개재할 여지가 있었다고 한다.

161) 홍분유취 : 고려 말기에 권문세가의 자손은 어린아이도 과거를 보게 했는데, 이들이 분홍 저고리를 입고, 입에 젖내가 날 정도로 어리다는 뜻이다.

162) 낙점 : 관원을 임명할 때 후보자의 성명을 써서 올리면 임금이 적격자의 이름 위에 점을 찍는다.

163) 삼관 : 승문원(承文院) · 성균관(成均館) · 교서관(校書館)을 지칭

나하나 불러 극위(棘圍)164)로 들여보낸다. 수협관(搜挾官)165)이 문밖에 나누어 서서 의금(衣襟)과 상자를 수색한다. 만약 문서를 가지고 있는 자가 있으면 붙잡아 순작관(巡綽官)에 넘겨 구속한다. 만약 과거장 밖에서 발견되면 1식년(式年)166)의 과거를 못 보게 하고, 과거장 안에서 발견되면 2식년의 과거를 못 보게 했다.

날이 밝기 전에 시관이 대청에 나와 촛불을 켜놓고 앉는다. 엄숙한 것이 신선 같았다. 삼관원(三館員)이 뜰로 들어와 응시자의 자리를 정해주고 나간다. 날이 밝으면 방(榜)을 펴서 글제를 내건다. 오정(午正)이 되면 시지(試紙)를 걷어 도장을 찍어 삼관에 돌려준다. 그리하면 옥상(屋上)에 올라가서 대종(大鍾)을 들고 선생을 부르고, 뜰에 임해서는 신래(新來)를 부르며, 또 허방(虛榜)167)을 써

한다. 예문관(禮文館)을 포함하면 사관(四館)이 된다.

164) 극위 : 가시 울타리를 말한다. 과거 때에 시험장 주위에 가시 울타리를 둘러서 외부와의 연락을 단절했다.

165) 수협관 : 과거 시험장에서 책을 가진 사람이 있나 없나를 검사하던 임시 벼슬이다.

166) 식년 : 3년에 한 번씩 실시하는 정기적인 과거 시험 시기. 곧 자(子) · 묘(卯) · 오(午) · 유(酉)년을 말한다.

167) 허방 : 거짓 방(榜)을 말한다.

서 부르곤 한다. 이는 모두 옛 풍습이다. 날이 저물면 북을 쳐서 재촉한다. 글을 다 지은 사람은 수권관(收卷官)[168]에게 바친다. 수권관은 다시 등록관(騰錄官)[169]에게 넘긴다. 등록관은 자호(子號)[170]를 권의 양쪽 끝에다 쓰고 또 감합(勘合)[171]을 써서 이를 두 개로 자르는데, 하나는 봉명(封名)이고 하나는 제술한 글이다. 봉미관(封彌官)[172]은 봉명을 받아 물러가서 딴 곳에 있는다. 등록관이 서사인(書寫人) 등을 모아 주묵(朱墨)으로 문권을 전사(傳寫)하되, 사동관(査同官)[173]은 본초(本草)[174]를 읽고 지동관

---

168) 수권관 : 과거 시험 때 시권(試券 : 답안지)을 거두는 관원을 말한다.

169) 등록관 : 시권을 등사(謄寫)하는 일을 맡은 관원. 과거 시험 때 응시자의 필적(筆跡)을 구별할 수 없게 하기 위해 일정한 절차를 밟아 응시자의 답안을 다른 종이에 베껴서 시관에게 제출한다.

170) 자호 : 글자로써 표시한 번호를 말한다. 지금의 가나다 혹은 ABC와 같은 것인데, 주로 천자문(千字文)의 순서를 따라 사용한다.

171) 감합 : 지금의 계인(契人)과 같은 것인데, 서로 맞추어서 진부(眞否)를 알 수 있게 하기 위해 두 조각의 종이나 문서를 한 곳에 붙이고 도장을 찍거나, 글씨를 쓴 뒤에 분할하는 것이다.

172) 봉미관 : 봉미(封彌)에 관한 일을 맡은 관원. 과거 시험 때 수험생은 답안지의 오른쪽 하단에 자기의 성명, 생년월일, 주소를 기록해 접어서 풀로 봉한다. 이것을 봉미라고 한다.

173) 사동관 : 등록관이 수험생의 답안지를 베낄 때 착오가 있을 것을

(枝同官)[175]은 주초(朱草)[176]를 비준한다. 그리하여 시관에게 올린다. 시관이 답안의 등급을 정한 뒤에 봉미관으로 하여금 봉명을 뜯어 방을 쓰게 한다.

강경(講經)[177]으로 합격자를 뽑는 방법은 이러하다. 사서오경(四書五經)의 어느 부분에 임의로 자호(字號)를 써서 붙인다. 한편으로는 생(栍)[178]에 자호를 써서 통(筒) 속에 넣어둔다. 응시자가 강송할 책 이름을 써서 바친다. 시관이 생을 뽑는데, 만약 하늘 천(天) 자[179]를 뽑으면 경

염려해 다시 한 번 교열을 행하는데 그때 원문을 읽는 직책을 맡은 관리를 말한다.

174) 본초 : 원문(原文).

175) 지동관 : 사동관이 읽는 원문을 들으면서 베낀 글을 교열하는 직책을 맡은 관리를 말한다.

176)주초 : 과거 시험에서 시험관이 시험 성적을 붉은 글씨로 매기던 일을 말한다.

177) 강경 : 경서(經書)를 암송하고 뜻을 해석하는 일. 과거 시험 때 강경과(講經科)의 수험 과목으로 실시했다.

178) 생 : 찌. 전강(殿講)이나 강경(講經) 때에 강생(講生)이 뽑던 대쪽. 길이 17.5㎝, 너비 5㎜, 두께 5㎜이며, 그 위에 강장(講章)의 글귀를 하나씩 따로 써서 직경 11㎝, 길이 18㎝ 되는 통에 넣었다.

179) 천 자 : 옛날에 번호를 매기는 순서로 흔히 천자문의 순서를 취했다. 천(天) 자는 제1호에 해당하는 것이다.

서에 붙인 천 자를 찾아서 다만 대문(大文)[180]을 써준다. 응시자가 대문을 읽고 해석하면 시관이 그 주소(註疎)에 대해 강론한다. 아전이 통(通) · 약(略) · 조(粗) · 불(不)의 네 자를 써서 강첨(講籤)[181]을 만들어 각각 시관 앞에 놓아둔다. 한 글의 강(講)을 마치면 아전은 허첩(虛牒)을 가지고 아래 시관에서부터 상석의 시관에게 가면 시관이 차례로 해당관 강첨을 거기에 꽂는다. 그리하여 강첨이 많은 것에 따라 뽑으며, 높은 등급의 강첨 수와 낮은 등급의 강첨 수가 상등할 때에는 아래 등급에 따른다. 초장(初場)[182]에서 강경한 분수(分數)와 중(中), 종장(終場)에서 제술(製述)한 분수를 통계한다. 그것을 취하는 사람은 한 사람이 아니고 거치는 것이 한 사람의 손이 아니다. 나라의 공평한 길은 오직 과거에 있다.

---

180) 대문 : 주해(註解)가 있는 책의 본문(本文)을 말한다. 또는 몇 줄이나 몇 귀로 이루어진 책 가운데의 글의 동강을 말한다.

181) 강첨 : 강경 때 통 · 약 · 조 · 불의 네 가지의 성적 등급을 각각 새기거나 써놓은 나뭇조각이다. 강경이 끝났을 때 응시자의 성적을 살펴서 해당한 강첨을 시관이 제시한다. 각 시관의 강첨을 모아 많은 수에 따라 결정한다.

182) 초장 : 한 회의 시험을 3장으로 나누어 세 번 각기 다른 것을 시험 본다.

동궁(東宮)

옛날에는 동궁(東宮)[183]이 경복궁(景福宮)에 있었다. 곧 대내(大內)[184]의 동쪽이었다. 문묘(文廟)[185]가 세자로 있을 때는 20여 년을 항상 이 궁에 거처했다. 서연관(書筵官)이 시강(侍講)하는 곳은 자선당(資善堂)이고, 백관의 조회를 받는 곳은 계조당(繼照堂)이다. 세종이 말년에 몸이 불편해서 여러 기무(機務)를 친히 보살피지 못하자, 문묘가 기무를 대행했다. 조정의 관리로서 어질고 유명한 사람을 뽑아 첨사(詹事)[186]로 삼고, 집현전의 10명을 경연관으로 삼으며, 또 10명을 서연관으로 삼았다. 계조당은 동궁의 바깥뜰에 있었는데, 지금은 철거되어 그 터도 없다.

세조 때는 경연청이 동궁 안에 있었다. 또 동쪽 별실에 책을 쌓아두고 홍문관(弘文館)이라 했다. 자선당은 뒤에

---

183) 동궁 : 세자(世子)의 궁을 말하기도 하고, 세자를 말하기도 한다.

184) 대내 : 임금이 거처하는 궁전을 말한다.

185) 문묘 : 문종(文宗)을 지칭한다.

186) 첨사 : 세자궁(世子宮)의 한 관직으로 서무를 담당한다.

문종의 혼전(魂殿)[187]이 되어 경희전(景禧殿)이라 했다. 또 세조의 혼전이 되어 영창전(永昌殿)이라 했으며, 정희왕후(貞熹王后)의 혼전이 되어 태경전(泰慶殿)이라 했고, 성종의 혼전이 되어 영사전(永思殿)이라고 했다.

187) 혼전 : 임금의 신위(神位)를 모시는 궁전.

삼관(三館)의 면신례(免新禮)

삼관(三館) 풍속에는 남행원(南行員)[188]을 우두머리로 높여서 '상관장(上官長)'이라고 하여 공경해 삼가 받들었고, 새로 급제해 분속된 자는 신래(新來)라 하여 욕을 주어 괴롭혔다. 또 술과 음식을 강요하되 대중이 없었다. 이는 고만한 것을 꺾으려 함이었다. 처음으로 출사(出仕)하는 것을 허참(許參)이라 하고, 예(禮)를 끝내면 신면(新免)이라 한다. 신면을 해야만 비로소 구관(舊官)과 더불어 연좌해서 잔치를 베풀었다. 말관(末官)이 왼손으로 여자를 잡고 오른손으로 큰 술잔을 잡은 채 먼저 상관장을 세 번 부르고, 또 작은 소리로 세 번 부른다. 상관장은 작은 소리로 대답하고 아관(亞官)을 부른다. 아관이 또한 큰 소리로 부른다. 하관(下官)이 이기지 못하면 벌이 있으나, 상관은 이기지 못해도 벌이 없다.

비록 지위가 높은 대신이라도 상관장의 위에는 앉지 못하고, 세 관원 사이에 끼어 앉는다. 정1품은 '오대자(五大字)'라고 부르고, 종1품은 '사대자(四大字)', 2품은 '삼대

188) 남행원 : 조상의 덕으로 벼슬을 하던 벼슬아치를 말한다.

자(三大字)', 3품 당상관은 '이대자(二大字)', 당하관은 '대선생(大先生)'이라 부른다. 4품 이하는 다만 '선생'이라 부르되, 각각 성(姓)을 붙여 부른다. 부르고 난 뒤에는 또 신래자를 세 번 부르고, 또 흑신래자(黑新來者)를 세 번 부른다. 흑(黑)은 여색(女色)이다.

신래자는 사모를 거꾸로 쓰고 두 손은 뒷짐을 하며 머리를 숙여 선생 앞에 나아가서 두 손으로 사모를 바쳐 올렸다 내렸다 한다. 이것을 '예수(禮數)'라 했다. 직명(職名)을 외우되 위로부터 아래로 내려가면 순함(順銜)이요, 아래로부터 위로 올라가면 역함(逆銜)이며, 또 기뻐하는 모양을 짓게 하여 희색(喜色)이라 하고, 성내는 모양을 짓게 하여 패색(悖色)이라 했다. 그 별명(別名)을 말해 모양을 흉내 내게 한다. 이를 '3천 3백'이라 한다. 그렇게 하여 욕을 당하는 것이 여러 가지여서 이루 헤아릴 수 없다.

방(榜)을 내걸고 경하(慶賀)하는 날에는 반드시 삼관을 맞이해야 한다. 그렇게 한 뒤라야 잔치를 베풀고, 예를 행한다. 만약 신은(新恩)[189]이 불공해 삼관에게 죄를 지으면, 삼관은 축하연에 가지 아니한다. 신은 또한 유가(遊

189) 신은 : 과거에 새로 급제한 사람을 지칭. 새로 과거에 급제해 나라의 은혜를 입는다는 뜻이다.

街)[190]하지 못한다.

삼관이 처음 문에 오면 한 사람이 북을 치면서 '가관호작(佳官好爵)'이라고 외친다. 아전들이 소리를 같이해 이에 응하고 손으로 신은을 떠받쳐 올렸다 내렸다 한다. 이를 '경하'라 한다. 또 부모와 친척에게 경하하는 것을 '생광(生光)'이라 한다. 또 마지막으로 여인을 받들어 경하하는 것을 '유모(乳母)'라 한다.

또 신은은 방(榜)이 나는 대로 의정부 · 예조 · 승정원 · 사헌부(司憲府)[191] · 사간원(司諫院)[192] · 성균관 · 예문관(藝文館)[193] · 교서관 · 홍문관 · 승문원(承文院)[194] 등 여러 관사의 선배를 배알한다. 각사의 선배들은

---

190) 유가 : 급제자가 풍악을 앞세우고 웃어른이나 친척들을 찾아보는 행사다.

191) 사헌부 : 고려 · 조선시대에 정사(政事)를 논의하고 풍속을 바로잡으며 관리의 비행을 조사해 그 책임을 규탄하는 일을 맡아보던 관아.

192) 사간원 : 조선시대 삼사 가운데 임금에게 간(諫)하는 일을 맡아보던 관아다. 태종 원년(1401)에 설치해 연산군 때 없앴다가 중종 때 다시 설치했다.

193) 예문관 : 고려시대에 사명(辭命)을 짓는 일을 맡아보던 관아다. 공민왕 11년(1362)에 한림원을 고친 것으로, 공양왕 원년(1389)에 춘추관을 합해 예문춘추관이라고 했다.

194) 승문원 : 조선시대에 외교에 대한 문서를 맡아보던 관아다. 태종

포물을 많이 걷어 이것으로 잔치를 위한 음식을 만든다. 봄에는 교서관이 먼저 행하는데 '홍도음(紅桃飮)'이라 한다. 초여름에는 예문관이 행하는데 '장미음(薔薇飮)'이라 한다. 여름에는 성균관이 행하는데 '벽송음(碧松飮)'이라 한다.

을유년(乙酉年) 여름에는 예문관이 삼관을 모아 삼청동에서 술을 마셨는데, 학유(學諭)[195] 김근(金根)이 몹시 취해 집으로 돌아가다가 검상(檢祥)[196] 이극기(李克基)를 길에서 만났는데 "자네는 어디서 오는 길인데 이렇게 취했느냐"고 물었다. 대답하기를 "장미(薔薇)를 먹고 온다" 했다. 듣는 이들이 모두 냉소(冷笑)했다.

10년(1410)에 설치해 고종 31년(1894)에 폐했다.

195) 학유 : 성균관에 속한 관직.

196) 검상 : 급제자가 웃어른이나 친척들을 찾아보는 일을 말한다.

성균관(成均館)

성균관(成均館)은 오로지 교훈(敎訓)을 관장하는 곳이다. 국가에서 양현고(養賢庫)[197]를 설치해 관관(館官)으로서 이를 겸하게 하고, 유생(儒生) 2백 명을 양성했다. 상당부원군(上黨府院君) 한명회(韓明澮)[198]는 임금께 아뢰어 존경각(尊經閣)을 지어 경적(經籍)을 많이 간행해 여기에 두었다. 광천군(廣川君) 이극증(李克增)[199]은 임금께 아뢰어 전사청(典祀廳)을 세웠다. 나도 임금께 아뢰어 향관청(享官廳)을 세웠다. 그 뒤에 성전(聖殿)의 동서무(東西廡)와 식당을 개축하고, 베 5백여 필과 쌀 3백여 석을 하사했다. 또 학전(學田)을 하사해 이것을 관중(館中)의 수용에 충당하게 했다. 이극증이 아뢰기를 "이제 성은을 입사와 미포(米布)를 많이 받았사오나, 바라옵건대 주식(酒

---

197) 양현고 : 성균관 유생들에게 식량을 공급하기 위해 설치한 관아.

198) 한명회(1415~1487) : 조선 전기의 문신. 자는 자준(子濬), 호는 압구정(狎鷗亭)·사우당(四友堂), 시호는 충성(忠成)이다. 본관은 청주(淸州)이며, 한상질(韓尙質)의 손자다.

199) 이극증(1431~1494) : 조선 전기의 문신. 자는 경위(景撝), 호는 삼봉(三峯)이다. 본관은 광주(廣州).

食)을 갖추어 조정의 문사와 여러 유생을 모아 사문(斯文)[200]의 성사(盛事)가 되게 하여 주시옵소서" 했다. 성종(成宗)께서 윤허해 이때 문사들이 명륜당(明倫堂)에 크게 모였다. 찬거리가 매우 정결했고, 승지가 궁중의 좋은 술과 어주(御廚)에 있는 맛있는 음식을 주어 인마(人馬)의 왕래가 끊이지 않았다.

계축년(癸丑年) 가을에는 성균관에 거동해 선성(先聖)과 선사(先師)에게 제사 드리고 하연대(下輦臺)의 장전(帳殿)[201]에 행차했다. 문신과 재추(宰樞)[202]는 장전 안에 들어가 모시고, 당하관인 문신들은 뜰에 줄을 지어 앉았다. 팔도의 유생이 경사(京師)[203]에 운집하니, 무려 수만 명이나 되었다. 상하가 모두 꽃을 꽂고 연회석에 참석했으며, 새로 지은 악장(樂章)을 연주하면서 모시고 먹었다. 각 관청이 분담해 음식을 고루 차렸으며, 임금이 자주 내

---

200) 사문 : 유교(儒教)를 지칭한다.

201) 장전 : 임금이 임시로 거처하기 위해 꾸민 자리다. 구름차일(遮日)을 치고 휘장으로 사방을 둘러막고 바닥을 높여서 별문석(別紋席)이나 채화석(綵花席) 등을 폈다.

202) 재추 : 의정부(議政府)의 대신과 중추부(中樞府)의 장상(將相). 또는 문무 고관대작을 지칭함.

203) 경사 : 서울. 한양(漢陽).

신(內臣)을 보내어 독찰(督察)했다. 사람들이 모두 취하도록 마시고 배불리 먹도록 했으니, 예전에는 없던 일이었다.

약밥(藥飯)

신라의 왕이 정월 15일에 천천정(天泉亭)에 거동했더니, 까마귀가 은합(銀榼)을 왕 앞에 물어다 놓았다. 은합 속에는 편지가 있으나 단단히 봉해져 있었다. 겉면에 "열어 보면 두 사람이 죽고, 열지 않으면 한 사람이 죽는다" 하고 쓰여 있었다. 왕이 이르기를 "두 사람의 목숨이 끊어지는 것보다는 한 사람의 목숨이 끊어지는 것이 낫다" 했다. 대신이 의논하기를 "그렇지 않사옵니다. 한 사람이란 임금을 말하는 것이고, 두 사람이란 신하를 말하는 것입니다" 했다. 드디어 열어보았더니, 그 속에는 "궁중의 거문고 갑(匣)을 쏘라" 하고 쓰여 있었다. 왕이 말을 달려 궁으로 들어가 거문고 갑을 보고 활을 쏘았다. 갑 속에 사람이 있었는데, 바로 내원(內院)의 번수승(樊修僧)[204]이 왕비와 사통해 왕을 죽이려고 시기를 미리 정했던 것이다. 왕비는 중과 함께 죽음을 당했다.

왕은 까마귀의 은혜를 생각해 해마다 이날에는 향반(香飯)을 만들어 까마귀를 먹였다. 지금까지도 이를 지켜

204) 번수승 : 번갈아서 입직(入直)하는 승군(僧軍). 번승(番僧).

명일의 아름다운 음식이 되었다. 그것을 만드는 법은 찹쌀을 쪄서 밥을 짓고, 곶감 · 마른 밤 · 대추 · 마른 고사리 · 오족용(烏足茸)[205]을 가늘게 썰어서 맑은 꿀과 맑은 장을 섞어 찐 다음, 다시 잣과 호두를 넣어 만든다. 그 맛이 매우 좋아 이를 '약밥[藥飯]'[206]이라 한다. 속언에 "약밥은 까마귀가 일어나기 전에 먹어야 한다" 했으니 대체로 천천정(天泉亭)의 고사에서 연유한 것이다.

205) 오족용 : 석용(石茸). 버섯 이름이다.

206) 약밥의 유래는 《삼국유사(三國遺事)》에도 나오는데 이 기록과는 약간 다르다.

세시풍속(歲時風俗)

세시와 명일에 거행하는 행사가 한두 가지가 아니다. 섣달그믐에는 어린애 수십 명을 모아 진자로 삼아 붉은 옷에 붉은 두건을 씌워 궁중으로 들여보낸다. 관상감에서 북과 피리를 준비했다가 새벽이 되면 방상시가 그들을 쫓아낸다. 민간에서도 또한 이 일을 모방한다. 진자는 없으나 녹색 댓잎[竹葉], 붉은 형지(荊枝), 익모초(益母草) 줄기, 도동지(桃東枝)[207]를 한데 합해 빗자루를 만들어 펴고 창살을 막 두드리고, 북과 꽹과리를 울리면서 문밖으로 몰아낸다. 이를 '방매귀(放枚鬼)'라 한다. 이른 새벽에는 그림을 대문간에 붙이는데, 그림에는 처용각귀종구(處容角鬼鍾馗), 복두관인(幞頭官人),[208] 개주장군(介胄將軍), 경진보부인(擎珍寶婦人)[209] 그림, 닭 그림과 호랑이 그림 등이다.

섣달그믐 서로 인사하는 것을 '과세(過歲)'라 한다. 정

207) 도동지 : 동쪽으로 뻗은 복숭아 가지. 악귀를 내쫓는 데 사용한다.

208) 복두관인 : 복두관을 쓴 사람. 복두관은 급제해 홍패를 받을 때 쓰던 관이다.

209) 경진보부인 : 진보(珍寶)를 받든 부인(婦人).

월 초하룻날 서로 인사하는 것을 '세배(歲拜)'라 한다. 정월 초하룻날에는 모두 일을 하지 않으며, 모여서 다투어 효로(梟盧)[210] 놀이를 하면서 술을 마시고 즐겨 논다. 새해의 자(子), 오(午), 진(辰), 해일(亥日)[211]에도 이렇게 한다. 또 어린이들은 다북쑥을 모아서 동산에서 불을 지르는데 해일은 '훈가훼(薰豭喙)'[212]라 하고, 자일(子日)[213]은 '훈서(薰鼠)'라 한다. 모든 관청은 3일 동안 출사하지 아니하고, 서로 친척이나 동료들 집으로 가서 명함을 던졌다. 대갓집에서는 미리 함(函)을 만들어서 이를 받았다. 근년 이래로 이 풍습이 갑자기 없어졌다. 또한 세상이 변천했음을 알 수 있다. 이달 보름날은 '원석(元夕)'이라 한다. 이날 아침에는 약밥을 만든다. 2월 초하룻날은 '화조(花朝)'라 한다. 이른 새벽에 솔잎을 문간에 뿌리는데, 속언으로는 "그 냄새 나는 빈대가 미워서 솔잎으로 찔러 사(邪)를 없앤다" 한다. 3월 3일을 '상사(上巳)'라 한다. 속언으로는 '답청절(踏靑節)'[214]이라 한다. 이날에는 사람들이

---

210) 효로 : 주사위.

211) 해일 : 12지지(地支)에서 해(亥)로 된 날.

212) 훈가훼 : 수퇘지의 주둥이를 불로 지지는 것을 말함.

213) 자일 : 12지지(地支)에서 자(子)로 된 날.

214) 답청절 : 삼짇날의 별칭. 이날 들에 나가 파랗게 난 풀을 밟는 풍습

모두 교외의 들로 나가 놀았다. 꽃이 있으면 꽃술을 마시고, 또 새로 난 쑥으로 설고(雪糕)[215]를 만들어 먹는다. 4월 8일에는 연등(燃燈)한다. 세속에 전하는 말로는 이날이 석가여래(釋迦如來)가 탄생한 날이라 한다. 봄에는 아이들이 종이를 오려서 기(旗)를 만들고 물고기 껍질을 벗겨 북을 만들어 떼를 지어서 길거리를 돌아다니며 등불 켜는 기구를 구걸하는데, 이를 '호기(呼旗)'라 한다. 이날이 되면 집집마다 장대를 세워 등불을 걸었으며, 부자들은 크게 채색한 등대(燈臺)를 세웠다. 층층이 달린 그 많은 등불은 마치 하늘에 별이 펼쳐진 것과 같았다. 도성 사람들은 밤새도록 구경했고, 무뢰한 젊은이들은 이것을 건드리는 것을 낙으로 삼았다. 지금은 불교를 숭상치 않으므로 혹 연등놀이를 한다 해도 옛날에 번성하던 것과는 같지 않다. 5월 5일은 단오(端午)라 하여 산쑥을 문에다 걸고 창포(菖蒲)를 술에 띄우며, 아이들은 쑥으로 머리를 감고, 창포로 띠를 하며, 또 창포 뿌리를 뽑아 수염처럼 붙였다. 도성 사람들은 길거리에 큰 나무를 세워 그네놀이를 했다. 계집아이들은 모두 아름다운 옷으로 단장하고 길거리

이 있다.

215) 설고 : 백설기.

에서 떠들썩하게 채색한 줄을 잡고 서로 다투며, 젊은이들은 몰려와서 이것을 밀고 끌고 하여 음란한 장난이 그치지 않았다. 조정에서 이것을 금해 지금은 성행하지 않게 되었다. 6월 15일은 유두(流頭)다. 옛날 고려의 환관(宦官)들이 동천(東川)에서 더위를 피해 머리를 풀고는 물에 떴다가 잠겼다가 하면서 술을 마셨음으로 유두라 했다. 세속에서는 이날을 명절로 삼고 수단병(水團餠)[216]을 만들어 먹는다. 대개 회화나무 잎 가루를 냉수에 일어 먹던 유속이다. 7월 15일은 속칭 '백종(百種)'이라 하여 승가(僧家)에서 1백 가지 꽃 열매를 모아 우란분(盂蘭盆)[217]을 베풀었다. 도성에 있는 여승(女僧)의 암자에서는 더욱 심했다. 부녀자들이 많이 모여들어 곡식을 바치고는 돌아가신 어버이의 영혼을 불러 제사를 지낸다. 왕왕 중들이 탁자(卓子)를 설치하고 제사를 지냈다. 지금은 엄금해 그 풍속

---

216) 수단병 : 쌀가루나 밀가루를 반죽해 경단같이 만들어서 삶은 후에 냉수에 헹구어 물기가 마르기 전에 꿀물에 넣고 실백잣을 띄운 음식으로 흔히 유월 유두에 먹는다.

217) 우란분 : 아귀도(餓鬼道)에 떨어진 망령을 위해 여는 불사(佛事). 목련존자가 아귀도에 떨어진 어머니를 구하기 위해 석가모니의 가르침을 받아 여러 수행승에게 올린 공양에서 비롯한다. 하안거(夏安居)의 마지막 날인 음력 칠월 보름을 앞뒤로 사흘간 여러 가지 음식을 만들어 조상이나 부처에게 공양한다.

이 없어지게 되었다. 중추(中秋)에는 달구경, 9월에는 높은 데 오르기, 동지(冬至)에는 팥죽을 먹고, 경신일(庚申日)에는 잠을 자지 않는다.[218] 모두가 옛날의 유속(遺俗)이다.

218) 경신불면(庚申不眠) : 1년 중 여섯 경신일(庚申日)에 잠을 자지 않는다는 뜻으로, 이렇게 하면 신의 경지에 달한다고 한다.

전경법(轉經法)

세조조(世祖朝) 때는 전경법(轉經法)[219]을 시행했는데, 이는 고려의 옛 풍습이다. 그 법은 번개(幡蓋)[220]를 앞세워 누런 뚜껑이 있는 수레에 만든 작은 불상(佛像)을 안치한 다음, 앞뒤에는 악인(樂人)이 주악하면서 양종(兩宗)[221]의 중 수백 명이 좌우로 나누어서 따른다. 각각 명향(名香)을 받들고 경을 외운다. 상좌승은 수레에 올라 북을 친다. 경을 외우는 것이 그치면 음악을 하고, 음악이 그치면 경을 외운다. 부처를 받들고 궁궐에서 나오면 임금께서 광화문까지 배웅한다. 해가 지도록 시가(市街)를 순행한다. 혹은 모화관(慕華館), 태평관(太平館)에서 낮 공양을 베풀면 각 관청의 관리들이 분주히 공물을 바치며,

---

219) 전경법 : 전경하는 법식 또는 행사. 전경의 전(轉)은 여기에서 저기로 옮긴다는 뜻이니, 경문을 읽을 때에 글자를 따라 낱낱이 읽는 것이 아니라 권마다 처음과 가운데와 끝에서 몇 줄씩만을 읽고 나머지는 책장단 넘겨서 읽는 시늉을 하는 것을 전경이라고 한다. 기원(祈願) 등을 할 때 많은 경문을 읽어 넘기기 위한 것이다.

220) 번개 : 화려한 양산을 지칭한다.

221) 양종 : 불교의 두 종파, 교종(敎宗)과 선종(禪宗)을 말한다.

오직 부처의 성냄을 입을까 두려워했다. 육법공양(六法供養)[222]을 베풀면 피리, 북, 염불 소리가 하늘을 진동한다. 사대부집의 부녀자들이 물밀듯 모여들어 구경한다. 예조좌랑(禮曹佐郎) 김구영(金九英)은 나이가 많고 몸도 뚱뚱한데다가 종종걸음으로 걸어가니 땀이 물 흐르듯 하고 먼지가 얼굴에 가득히 앉아 구경하는 이가 모두 웃었다.

222) 육법공양 : 안락(安樂)의 경지를 얻기 위한 육념(六念)의 공양이다. 육념은 염불(念佛) · 염법(念法) · 염승(念僧) · 염계(念戒) · 염시(念施) · 염천(念天)을 가리킨 말이다.

권초지례(捲草之禮)

궁중에서 아이가 태어나면 권초지례(捲草之禮)[223]를 행한다. 탄생한 날 다북쑥으로 꼰 새끼를 산실(産室) 문짝 위에 걸어놓는다. 대신 중에서 아들이 많고 재화(災禍)가 없는 자에게 명해 3일 동안 소격전(昭格殿)에서 초제(醮祭)[224]를 올리게 한다. 상의원(尙衣院)[225]에서는 오색 채단을 각각 한 필씩 바친다. 아들이면 복두(幞頭)·도포(道袍)·홀(笏)·오화(烏靴)·금대(金帶)를, 딸이면 비녀·배자(背子)[226]·신발 등의 물건을 노군(老君)[227] 앞에 진열해 아기의 무궁한 복을 빈다. 밤중에 제사가 끝나면 헌

---

223) 권초지례 : 왕비(王妃)의 산실(産室)에 깔았던 초석(草席 : 짚자리)을 걷어치우는 절차다. 왕비의 산후에 거행하는 여러 가지의 절차를 말하기도 한다.

224) 초제 : 성신(星辰)에게 지내는 제사.

225) 상의원 : 조선시대에 임금의 의복과 궁내의 일용품, 보물 등의 관리를 맡아보던 관아. 고종 32년(1895)에 상의사(尙衣司)로 고쳤다.

226) 배자 : 저고리 위에 덧입는 옷.

227) 노군 : 태상노군(太上老君)의 약칭. 도교(道敎)에서 노자(老子)를 높여서 일컫는 말이다.

관(獻官)이 길복(吉服)을 입고 사람을 시켜 포단(布段)과 관복(冠服)을 메게 하여 앞세우고 대궐에 들어간다. 산실의 문밖에 이르러서 탁자 위에 진열하고는 향불을 피우고 재배한다. 나인이 그것을 받아가지고 들어간다. 헌관은 다북쑥 새끼를 걷어 수대(穗袋)[228] 속에 넣어 이것을 옻칠한 함에 넣고는 붉은 보자기로 싼다. 문밖으로 나가 조심스럽게 그 함을 봉한 다음, 내자시(內資寺)[229]의 정(正)에게 준다. 내자시정이 받들고 가서 내자시의 창고에 넣어 둔다. 만약 딸이라면 내섬시(內贍寺)[230]에서 이를 주관한다.

갑인(甲寅)년 봄에 원자(元子)가 탄생하실 때 내가 헌관이 되어 행사를 맡았다. 대개 소격서(昭格署)[231]는 중국 도가(道家)의 행사를 모방한 것이다. 태일전(太一

---

228) 수대 : 물건을 담는 자루.

229) 내자시 : 조선시대에 호조에 속해 대궐에서 쓰는 여러 가지 식품, 직조(織造)와 내연(內宴)에 관한 일을 맡아보던 관아. 태종 원년(1401)에 내부시를 고친 것으로, 고종 19년(1882)에 없앴다.

230) 내섬시 : 조선시대에 각 궁(宮)으로 올리던 토산물, 이품 이상 벼슬아치에게 주던 술, 일본인 · 여진인(女眞人)에게 주던 음식과 필목 따위를 맡아보던 관아다. 호조(戶曹)에 속하는 것으로, 태종 때 덕천고를 고친 것이다.

231) 소격서 : 하늘, 땅, 별에 지내는 초제(醮祭)를 맡은 관아.

殿)[232]에서는 칠성(七星)과 여러 별자리에 제사를 지내는데, 그 상(像)은 모두 머리를 풀어헤친 여자의 얼굴이었다.

삼청전(三淸殿)에서는 옥황상제(玉皇上帝) · 태상노군(太上老君)[233] · 보화천존(普化天尊)[234] · 재동제군(梓潼帝君)[235] 등 10여 위를 제사 지내는데 모두 남자의 형상이다. 그 밖에 안팎의 모든 단(壇)에는 사해용왕(四海龍王) · 신장(神將)[236] · 명부시왕(冥府十王)[237] · 수부(水府)[238] 등의 모든 신을 모셨다. 위패에 이름을 쓴 것이 무

---

232) 태일 : 별 이름.

233) 태상노군 : 노군(老君), 노자(老子).

234) 보화천존 : 도교에서 받드는 신. 신선의 상(像).

235) 재동제군 : 도교에서 받드는 신. 문창제(文昌帝)라고도 한다. 인간의 녹적(錄籍)을 맡은 신으로 진(晋)나라에서 벼슬하다가 전사(戰死)한 촉칠곡산(蜀七曲山)의 장아자(張亞子)의 후신(後身)이라고 한다.

236) 신장 : 동 · 서 · 남 · 북 네 바다 속에 있는 용왕의 신장이다. 신장은 갑옷과 투구로 무장한 장수 귀신이다.

237) 명부시왕 : 저승에 있다는 10명의 왕. 즉 진광왕(秦廣王) · 초강왕(初江王) · 송제왕(宋帝王) · 오관왕(伍官王) · 염라왕(閻羅王) · 변등왕(變等王) · 태산왕(泰山王) · 평등왕(平等王) · 도시왕(都市王) · 오도전륜왕(五道轉輪王)을 말한다.

려 수백이었다.

헌관과 서원(署員)은 모두 흰 옷에 검은 두건 차림으로 재를 올리고, 또 관을 쓰고 홀을 들고 예복을 입고 제사를 거행한다. 제전은 과실 · 인절미 · 차 · 과자 · 술을 쓴다. 분향하고 백 번 절한다. 도사는 머리에 소요관(逍遙冠)을 쓰고, 몸에는 얼룩얼룩한 검은 옷을 입었다. 경쇠[239]를 스물네 번 울리고 난 뒤에, 두 사람이 도경(道經)을 읽는다. 또 축사를 푸른 종이에 써서 소지(燒紙)[240]를 올린다. 그 하는 일이 어린애 장난과 같다. 그런데 조정에서 그들에게 벼슬을 주어서 헛되이 불사(祓祀)[241]를 받든다. 한 번 제사 지내는 데 드는 비용이 적지 않다.

내가 시를 지어 말하기를,

---

238) 수부 : 수신(水神)이 있는 곳. 수부는 마당(馬當), 중수부는 채석(采石), 하수부는 금산(金山)이라고 한다. 마당상수부의 신은 복선안강왕(福善安江王), 채석중수부의 신은 순성평강왕(順聖平江王), 금산하수부의 신은 소신태강왕(昭信泰江王)이라고 한다.

239) 경쇠 : 부처님 앞에 절할 때 흔드는 작은 종.

240) 소지 : 신령에게 비는 뜻으로 종이를 불살라 공중으로 올라가게 하는 것이다.

241) 불사 : 귀신에게 빌어서 재앙을 물리치는 제사.

"남궁의 학사들 머리가 희뜩희뜩한데
흰 옷에 검은 두건 쓰고 부지런히 신령께 비네
문득 동료들이 비웃을까 두렵기만 한데
노군(老君)[242]이 와서 노군의 뜰에서 절하네."
南宮學士髮星星 白服烏巾苦乞靈
却怕朋僚爭指笑 老君來禮老君庭

라고 했다.

---

242) 노군 : 여기선 늙은이를 가리킨다.

예조(禮曹)

예조(禮曹)는 옛날 주관(周官)[243] 종백(宗伯)[244]의 관직이다. 사제(祠祭)·연향(宴享)·사대(事大)·교린(交隣)의 모든 예문(禮文) 등을 맡아보는 곳으로, 그 임무가 실로 가볍지 않다. 이조(吏曹)는 정사(政事)를 주관하고, 병조(兵曹)는 군기(軍機)를 맡으며, 호조(戶曹)는 재리(財利)를 주관하고, 형조(刑曹)는 징송(徵訟)을 맡으며, 공조(工曹)는 백공(百工)의 역사(役事)를 관장한다. 육조에서 예조가 가장 아름답다 하겠다. 비록 큰일을 만나

243) 주관 : 경서(經書)의 하나로, 주공 단(周公旦)이 찬정(撰定)한 것이라고 한다. 주(周)나라의 관제(官制)를 말한 것으로서 천지춘하추동(天地春夏秋冬)을 상징해 벼슬을 천관(天官)·지관(地官)·춘관(春官)·하관(夏官)·추관(秋官)·동관(冬官)의 육관(六官)으로 구분하고, 그 직장(職掌)을 각각 상세하게 기술했다.

244) 종백 : 주(周)나라 육관(六官)의 장관 중 하나. 주나라에서는 육관의 장관을 총재(冢宰)·대사도(大司徒)·대종백(大宗伯)·대사마(大司馬)·대사구(大司寇)·대사공(大司空)이라고 했다. 총재는 지금의 국무총리 격이고, 대사도는 교화(敎化), 농상(農商)을 맡았으며, 대사마는 군사병마(軍事兵馬), 대사구는 옥송형벌(獄訟刑罰), 대사공은 치산치수(治山治水)를 맡았다. 대종백은 예조판서의 직책과 같다고 말한 것이다.

면 몹시 바빠서 틈이 없으나 일이 끝나면 항상 한가로웠다. 일본, 여진의 사신을 접대할 때는 당상관 세 사람이 모두 무늬 있는 예복을 입었고, 예빈시(禮賓寺)[245]는 연회를 베풀었으며, 악관들은 연주를 했다. 각도의 감사, 병사와 연경(燕京)으로 가는 사신에게 잔치를 내리고 다시 낭청(郎廳)[246]에서 종일 이야기하고 술 마시며 주악하는 소리가 연속되었으니, 비단 옷 스치는 소리가 끊이지 않았다.

내가 일찍이 사은사(謝恩使)로서 연경에 갔을 때 예부상서(禮部尙書) 주홍모(周洪謨)가 와서 회동관(會同館)에서 연회를 베풀어주었다. 회회(回回) · 라마(剌麻) · 운남(雲南) · 만면(蠻緬) 등 모든 나라 사람이 상서(尙書) 앞에 꿇어앉아서 매매(賣買)할 일을 우러러 호소하면, 상서는 일일이 해설하되 받아들일 것은 받아들이고 물리칠 것은 물리쳤다. 그때에 나는 공경하고 흠모하기를 마지않았다. 내가 판서가 되었을 때, 왜와 여진이 매양 연회가 끝나면 다투어 앞에 나와 꿇어앉아 각각 그 뜻을 진정했는데, 이

---

245) 예빈시 : 조선시대에 빈객의 연향과 종재(宗宰)의 공궤를 맡아보던 관아. 태조 원년(1392)에 고려의 제도를 따라서 두었다가 고종 31년(1894)에 폐지했다.

246) 낭청 : 관부(官府)의 당하관(堂下官).

는 비록 크고 작은 것은 같지 않으나 그 규모에서는 매한 가지라 하겠다.

용재총화 권3(慵齋叢話 卷之三)

강감찬(姜邯贊)과 호승(虎僧)

고려 시중(侍中) 강감찬(姜邯贊)이 한양판관(漢陽判官)이 되었을 때 부(府)의 경내에 호랑이가 많아 관리와 백성이 많이 물려 죽었다. 부윤(府尹)이 걱정하자, 강감찬이 부윤에게 말하기를 “이는 매우 쉬운 일입니다. 삼사일만 기다리면 내가 제거하겠습니다” 하고는 종이에 글을 써서 첩(貼)을 만들고는 아전에게 주면서 “내일 새벽에 북동(北洞)에 가면 늙은 중이 바위 위에 앉아 있을 것이니 불러서 데리고 오너라”고 했다. 아전이 그 말대로 가보니, 과연 남루한 옷에다 흰 베로 만든 두건을 쓴 늙은 중이 새벽 서리를 무릅쓰고 바위 위에 앉아 있었다. 부첩을 보고 아전을 따라와서 판관에 배알하고는 머리를 조아릴 뿐이었다. 강감찬이 중을 보고 꾸짖기를 “너는 비록 짐승이긴 하지만 또한 영물인데, 어찌 이와 같이 사람을 해치느냐. 너에게 닷새를 약속할 터이니, 너의 무리를 데리고 다른 곳으로 옮겨라. 그렇지 않으면 강력한 활과 굳센 화살로 모두 죽여버리겠다” 하니, 중은 머리를 조아리며 사죄했다.

부윤이 크게 웃으며 “판관은 잘못 본 것이오. 중이 어찌 호랑이겠소" 하니, 강감찬이 늙은 중을 보고 "본 모양으로 변하거라" 하니 중이 크게 소리를 지르고 한 마리의 큰 호랑이로 변해 난간과 기둥으로 뛰어오르니, 그 소리가 몇 리 밖에까지 진동했다. 부윤은 넋을 잃고 땅에 엎드렸다. 강감찬이 "그만두어라" 하니, 호랑이는 전 모양으로 홱 돌아가서 공손히 절하고 물러갔다. 이튿날 부윤이 아전에게 명해 동쪽 교외에 나가 살펴보라고 했더니 늙은 호랑이가 앞서고 작은 호랑이 수십 마리가 뒤를 따라 강을 건너갔다. 이로부터 한양부에는 호랑이에게 당하는 걱정이 없어졌다.

강감찬의 처음 이름은 은천(殷川)이며, 복시(覆試)[247]에 장원급제 해 벼슬이 수상(首相)에 이르렀다. 사람됨이 몸집이 작고, 키도 작았다. 용모가 아주 위엄스럽고 가난한 선비가 한 사람 있었는데, 그는 관대(冠帶)를 단정히 하여 앞줄에 서고, 강감찬은 헌 옷을 입고 그 아래에 서 있었다. 송나라 사신이 가난한 선비를 보고 "용모는 비록 풍만하나 귀에 성곽(城郭)[248]이 없으니, 필연코 가난한 선비다" 하고, 강감찬을 보고는 두 팔을 벌리고 엎드려 절하며

247) 복시 : 초시(初試)에 합격한 사람이 다시 보던 과거.

248) 성곽 : 여기서는 귓바퀴를 말한다.

"염정성(廉貞星)[249]이 오랫동안 중국에 나타나지 않더니, 이제 동방에 있습니다" 했다.

249) 염정성 : 별의 이름. 탐랑(貪狼) · 거문(巨門) · 녹존(祿存) · 문곡(文曲) · 파군(破軍) · 보필(輔弼)과 함께 팔성(八星)을 이룬다. 염정(廉貞)한 것을 주재한다.

영태(永泰)의 광대놀이

고려 장사랑(將仕郎) 영태(永泰)는 광대놀이를 잘했다. 겨울철에 용연(龍淵)의 못가에 뱀이 나타나니, 절의 스님이 용의 새끼라고 가져다 길렀다. 하루는 영태가 옷을 벗고 전신에 오색으로 용의 비늘을 그렸다. 그리고는 승방의 창을 두들기며 "선사는 두려워하지 마라. 나는 연못 속의 용신(龍神)인데, 선사가 나의 자식을 애호한다는 소문을 듣고 감동해 왔다. 어느 날 어느 저녁에 내가 다시 와서 선사를 다시 맞으러 오겠다"는 말을 마치고는 자취를 감추었다. 약속한 날, 스님이 새 옷으로 잘 차려입고 기다리니, 이윽고 영태가 와서 스님을 업고 연못가에 이르렀다. 영태가 말하기를 "꽉 잡지 마시오. 바로 들어갈 수 있을 것이오" 했다. 스님이 눈을 감고 손을 놓자 영태는 스님을 물속으로 던지고 가버렸다. 스님은 잘 차려입은 옷이 모두 더러워지고 몸에도 상처를 입었다. 기어서 돌아와 이불을 덮고 누었다. 다음날 영태가 와서 "스님은 어쩌다가 그렇게 심하게 아픕니까" 하니, 스님은 말하기를 "용연의 신이 늙어서 노망해 무고한 나를 이렇게 만들었다" 했다.

또 영태가 충혜왕(忠惠王)을 따라 사냥을 갔을 때도 늘 광대놀이를 하니, 임금이 그를 물속에 던져버렸다. 영태가 물을 헤치고 나오니, 임금은 크게 웃으며 "너는 어디로 갔다가 지금 어디서 오느냐" 하니, 영태는 "굴원(屈原)[250]을 보러 갔다가 옵니다" 했다. 임금이 "굴원이 뭐라고 하드냐" 하니 "굴원이 나는 어리석은 임금을 만나 강에 몸을 던져 죽었지만, 너는 명군(明君)을 만났는데 어찌되어 왔느냐" 했습니다. 임금은 기뻐서 은구(銀鷗) 하나를 주었다. 옆에 있던 우인(虞人)[251]이 이것을 보고 역시 물에 몸을 던졌다. 임금이 사람을 시켜 머리칼을 붙잡고 끌어내서 그 이유를 물으니 "우인은 굴원을 보러 갔다" 했다. 임금이 "굴원이 뭐라고 하드냐" 하니, 우인이 "그인들 뭐라 말하겠으며, 낸들 무엇이라 말하겠습니까" 하니, 삼군(三軍)이 크게 웃었다.

---

250) 굴원 : 중국 전국시대 초(楚)나라의 정치가이자 시인. 이름은 평(平), 원(原)은 자. 초사(楚辭)라는 운문 형식을 처음으로 시작했다. 모함을 당해 자신의 뜻을 펴지 못하다가 마침내 물에 빠져 죽었다. 작품은 고대 문학에서는 드물게 서정성을 띠고 있다. 〈이소(離騷)〉, 〈천문(天問)〉, 〈구장(九章)〉 등이 있다.

251) 우인 : 사냥하는 하급 관리를 지칭한다.

신돈(辛旽)의 호색

신돈(辛旽)이 처음 국정을 잡았을 때 기현(奇顯)의 집에 기숙하면서 기현의 처와 사통했다. 기현 부처(夫妻)는 늙은 노비처럼 시종했다. 신돈의 권위가 점차 성해져서 백성의 생사가 수중에 있게 되니, 죽을 지경에 두고자 한다면 뜻대로 안 됨이 없었다. 만약 자색이 아름다운 사대부의 처첩이 있다고 들으면, 그 남편을 조그마한 죄로라도 순군옥(巡軍獄)에 보냈다. 그리고는 기현 등을 시켜서 "만약 주부(主婦)가 친히 가서 부탁하면 억울함을 면할 수 있을 것이다" 하고 전하게 했다. 그 부인이 신돈 집에 와서 대문에 들어서면 말과 따르는 사람을 보내게 하고, 중문을 들어서면 비복을 보내게 했으며, 신돈 집안사람이 데리고 안문으로 들어오면 신돈은 서당(書堂)[252]에 혼자 앉아 있다가 옆에 마련된 이부자리에서 마음대로 간음했다. 사랑하고 싶은 자가 있으면 며칠 동안 머물게 했다가 보내고서는 그녀의 남편을 놓아주었다. 만약 불손한 자가 있으면 벌을 주기도 하고 혹은 귀양 보내기도 했다. 이 때문에 죽

252) 서당 : 여기서는 서재(書齋)를 지칭한다.

게 된 자도 있었으므로 부녀자들은 남편이 잡혔다고 들으면 반드시 단장을 하고 먼저 신돈의 집에 가는데 하루도 빠진 날이 없었다.

신돈은 양기가 쇠할까 염려해 흰 말의 음경을 자르거나 지렁이를 회(膾) 쳐 먹었다. 만약 황구(黃狗)나 창응(蒼鷹)[253]을 보면 소스라쳐 놀라고 두려워하니, 당시 사람들은 늙은 여우의 정(精)이라 했다.

253) 창응 : '털색이 푸르고 흰 큰 매'를 말한다. 매가 사납다는 데서 전의되어 조금도 변통이 없는 모진 관리를 비유적으로 이르기도 한다.

미친 척하고 난세를 피한 조운흘(趙云仡)

고려 재신(宰臣) 조운흘(趙雲仡)은 시대가 어지러워질 것을 알고 환(患)을 피하고자 거짓으로 미친 사람 시늉을 했다. 그전에 서해도(西海道) 관찰사가 되었을 적에는 언제나 "아미타불"을 외었다. 공과 친한 수령 한 사람이 있었는데, 창밖에 와서 "조운흘 조운흘" 하고 염불하듯이 불렀다. 공이 "너는 어찌 내 이름을 부르느냐" 하니, 수령은 "영감의 염불은 성불하기 위함이요, 나의 염불은 영감같이 되고자 하는 것입니다" 했다. 서로 마주 보고 크게 웃었다.

또 "청맹(靑盲)[254]병이 들었다" 하고 거짓말을 하고는 사직해 집에 있었는데, 그의 첩이 공의 아들과 사통해 늘 앞에서 수작을 했으나, 몇 해 동안 모르는 척했다. 난리가 진정되자 눈을 부비며 "나의 눈병이 나았다" 하더니, 첩을 데리고 뱃놀이를 가서 그 죄를 다스려 강에 던졌다.

그가 살던 시골집은 지금의 광나루[廣津] 밑에 있다. 공이 자청해 사평원주(沙平院主)가 되었다. 마을 사람들과

---

254) 청맹 : 눈을 멀쩡히 뜨고도 못 보는 것을 말한다.

사귀어 늘 모여 앉아 술 마시며 잡담을 하는데, 끝날 줄 몰랐다. 하루는 정자 위에 앉았는데, 조신(朝臣) 중 폄척(貶斥)한 자들이 많이 강을 건넜다. 공이 시를 지어 말했다.

"낮이 되니 사람 불러 사립문 열게 하고,
임정(林亭)으로 걸어 나가 이끼 낀 돌에 앉네.
지난밤 산중에 비바람이 거세더니,
가득 찬 시냇물에 낙화가 흘러온다."[255)]
柴門日午喚人開, 步出林亭坐石苔,
昨夜山中風雨惡, 滿溪流水泛花來.

255) 조운흘(趙雲仡), 〈즉사(卽事)〉(《東文選》 卷之二十二 七言絶句).

최영(崔瑩)의 홍분(紅墳)

철성(鐵城)[256] 최영(崔瑩)은 어릴 때부터 그의 아버지가 늘 "황금 보기를 흙과 같이 하라(見金如土)"고 가르쳤다. 최영이 항상 이 네 글자를 큰 띠[紳]에 써서 종신토록 지니고 다녀 잊지 않았다. 국정을 잡아 위신이 중외(中外)에 떨쳤으나 남의 것을 조금도 취하지 아니하고, 겨우 먹고사는 데 족할 따름이었다. 당시의 재상들은 서로 초대해 바둑으로 날을 보내면서 다투어 성찬을 차려 호사함에 힘썼으나, 공만은 손님을 초대해 한낮이 지나도록 찬을 내놓지 않다가 날이 저물어서야 기장과 쌀을 섞어 지은 밥에다 잡동사니 나물을 차렸다. 그렇지만 손님들이 배고픈 참이라 채반(菜飯)이라도 남김없이 먹고는 "철성 집 밥이 맛이 좋다" 했다. 공은 웃으면서 "이것도 용병술이라오" 했다.

태조(太祖)[257]가 시중(侍中)이 되었을 때 점련(占聯)[258]하기를 "삼 척 칼머리에 사직이 편하도다(三尺劍頭

---

256) 철성 : 최영의 봉호인 철성부원군(鐵城府院君)의 약칭.

257) 태조 : 이성계(李成桂)를 지칭한다.

安社稷)" 하니, 당시의 문사들은 아무도 대구를 짓지 못했다. 공이 재빨리 "한 가닥 채찍 끝으로 천지를 정한다(一條鞭末定乾坤)" 하니, 모든 사람이 탄복했다.

공이 항상 임렴(林廉)[259]의 소행을 분하게 여겨 그의 종족을 모두 죽였다. 공이 형(刑)을 받으면서 "평생 동안 나쁜 짓을 한 일이 없는데, 다만 임렴을 죽인 것이 지나쳤다. 내가 탐욕스러운 마음이 있었다면, 내 무덤 위에 풀이 날 것이고, 그렇지 않았다면 풀도 나지 않을 것이다" 했다. 그의 무덤은 고양군(高陽郡)에 있는데, 지금까지도 한 줌의 잔디도 없는 벌거벗은 무덤이라서 흔히들 '홍분(紅墳)'이라고 한다.

---

258) 점련 : 연구(聯句)를 짓는 것이다.

259) 임렴 : 고려 말기의 무신 임견미(林堅味) · 염흥방(廉興邦)을 지칭함. 이들은 임금을 속이고 정권을 농락하다가 최영에게 살해되었다.

정몽주(鄭夢周)의 죽음

포은(圃隱)은 학문이 정수하고 문장 또한 호한(浩翰)[260]했다. 고려 말에 시중이 되어 충성을 다해 나라를 돕는 것을 자기의 일로 삼았다. 혁명에 즈음해 천명과 인심이 모두 추대하는 곳이 있었건만 공만 홀로 의연히 범하지 못할 기색을 하고 있었다.

평소에 서로 잘 아는 중이 있었는데, 공에게 말하기를 "시사(時事)를 알 만한데, 공은 어찌 고집만 하고 고생하는가" 하니, 공은 "사직을 맡은 사람이 감히 두 마음을 가질 수 있겠는가. 나는 이미 처신할 바가 있다" 했다.

하루는 매헌(梅軒)[261]이 뵈러 갔는데 마침 공이 나왔다. 공을 따라 동네를 나오는데, 화살통을 짊어진 무사 몇 명이 말 앞을 가로질러 가니, 가졸(呵卒)[262]이 벽제(辟除)[263] 소리를 질렀으나 무사는 피하지 않았다. 이때 공이

---

260) 호한 : 넓고 커서 질펀한 모양.

261) 매헌 : 권우(權遇, 1363~1419)의 호.

262) 가졸 : 관인(官人).

263) 벽제 : 신분이 높은 사람이 통행할 때 잡민(雜民)의 통행을 금지하는 일.

매헌을 보고 "그대는 속히 가라. 나를 따르지 말라" 했으나 매헌이 그대로 따라가니 공이 갑자기 노해 "어찌 내 말을 듣지 않는가" 하므로, 매헌이 부득이 작별하고 돌아왔는데, 조금 있다가 누가 와서 "정 시중이 살해당했다" 했다.

조반(趙胖)의 슬픈 사랑

고려의 임금 가운데 원(元)나라 공주를 아내로 삼았던 이가 많다. 원나라에서도 사신을 보내어 사대부의 딸을 요구해 후궁으로 삼았다. 후궁에 들지 못한 자는 대신에게 맡겼다. 조반(趙胖)[264]의 누이동생도 원나라로 들어가서 대상(大相)의 부인이 되었는데, 공도 젊었을 때 따라갔었다.

누이동생 집에 여동(女僮)이 있었는데, 뛰어나게 아름답고 또 글을 알아서 공이 첩으로 삼았다. 이 때문에 항상 원나라에 있었는데, 부부의 아기자기한 정은 비익조(比翼鳥)[265]나 연리지(連理枝)[266]라 할지라도 거기에 비길 수 없었다.

---

264) 조반(趙胖, 1341~1401) : 고려 말에서 조선 초의 문신. 중국 원나라 연경(燕京)에서 공부해 한어(漢語)와 몽골어에 능했으며, 조선 개국 때 이성계를 추대해 개국공신 2등으로 부흥군(復興君)에 봉해졌다.

265) 비익조 : 자웅(雌雄)이 각기 눈이 한 개, 날개가 한쪽뿐인 새. 언제나 몸을 가지런히 하여 두 몸이 한 몸처럼 되어서 하늘을 날아다닌다는 상상의 새다. 부부의 화목함이 돈독해 떨어지지 않는 것에 비유한다.

266) 연리지 : 서로 다른 나무의 가지가 맞닿아서 결이 통해 하나로 된 것이다. 화목한 부부, 또는 남녀의 사이를 일컫는 말이다.

하루는 바깥채에서 함께 자는데 야반(夜半)에 도란도란 소리가 들렸다. 단잠에 빠져 그 까닭을 묻지 못했다. 아침에 일어나서 보니, 집에는 한 사람도 없었다. 이웃집 사람이 말하기를 "황제가 병란을 피해 상도(上都)[267]로 들어갔고, 대상과 부인도 어가를 배종해 갔습니다. 이미 병력이 근교까지 다가와서 온 도성이 허둥지둥 다투다시피해 처자를 데리고 남북으로 달아나고 있습니다" 했다. 두 사람은 어찌할 바를 모르고 있는데, 대상 집 어린 하인이 홀연히 나타나 땀을 흘리며 다급히 말하기를 "거가(車駕)가 급하게 가므로 따라가지 못했습니다" 했다. 공이 "상도는 멀어서 갈 수 없으나 우리나라는 가까우니 우리 세 사람은 빨리 갈 수 있을 것이다" 하며, 집 안을 뒤져 쌀 한 말들이 전대를 얻어 종은 혼자서 말을 타고 공과 여자는 한 말에 같이 타고 떠났다. 도중에 종이 "이렇게 병란으로 시끄러울 적에 이런 요물(妖物)[268]을 끼고 있다가 도적을 만나면 살아날 도리가 없으니, 원하건대 그대는 정을 끊고서 이 여자를 버리시오" 했다. 여자는 날뛰면서 울부짖으며

---

267) 상도 : 원나라에서는 찰합이(察哈爾, 차하르의 음역)를 상도라고 했다.

268) 요물 : 여기서는 여자를 말한다.

생사를 같이하자고 했다. 공도 차마 헤어지지 못하고 옷소매를 꽉 쥔 손을 풀지 못했고, 두 줄기 눈물은 옷깃을 적시니, 옆의 사람들도 눈물을 흘렸다. 그러나 사세를 살핀 공은 마침내 여자를 버리고 가니, 여자는 울면서 따라왔다. 해가 저물어 숙소에 들면 여자도 뒤쫓아 왔는데, 3일 낮밤을 쉬지 않고 오니 두 발이 해어져 걸을 수 없게 되었는데도 힘을 다해 따라오다가 시냇가에 있는 높은 다락으로 여자가 문득 앞장서서 오르기에 공은 높은 곳에 올라 먼 곳을 바라보려니 생각하고 다락을 돌아보니 여자는 다락 밑에 있는 연못 속으로 몸을 던졌다. 공은 전에는 재주와 외양을 사랑했으나 이제 와서는 그 절개에 탄복해 종복과 더불어 본국에 돌아와 노경에 이르러서도 항시 당시의 비통함을 말해 마지않았다.

이제현(李齊賢)의 변언(變言)

충선왕(忠宣王)은 오랫동안 원나라에 머물면서 정들었던 사람이 있었다. 귀국하게 되자 정인이 쫓아오므로 임금이 연꽃 한 송이를 꺾어주고 이별의 정표로 했다. 밤낮으로 임금이 그리움을 견디지 못해 익재(益齋)[269]를 시켜 다시 가서 보게 했다. 이익재가 가보니 여자는 다락 속에 있었는데, 며칠 동안 먹지 못해 말도 잘하지 못했지만 억지로 붓을 들어 절구(絶句) 한 수를 썼다.

"보내주신 연꽃 한 송이
처음엔 분명하게도 붉더니
가지 떠난 지 이제 며칠
사람과 함께 시들었다네."

---

269) 익재 : 이제현(李齊賢, 1287~1367)의 호. 이제현은 고려 말기의 문신 · 학자. 초명은 지공(之公). 자는 중사(仲思). 호는 역옹(櫟翁) · 익재(益齋)다. 벼슬은 문하시중에 이르렀으며 당대의 명문장가로 정주학의 기초를 닦았다. 왕명으로 실록을 편찬했고 원나라 조맹부의 서체를 고려에 도입해 유행시켰으며 고려의 민간 가요를 한시로 번역했다. 저서에 《익재집》《역옹패설》《익재난고》가 있다.

贈送蓮花片, 初來的的紅,

辭枝今幾日, 憔悴與人同,

익재가 돌아와서 "여자는 술집으로 들어가 젊은 사람들과 술을 마신다는데 찾아도 없습니다"고 아뢰었다. 임금이 크게 뉘우치며 땅에 침을 뱉었다.

다음 해 경수절(慶壽節)[270]에 이익재가 술잔을 올리고는 뜰 아래로 물러나와 엎드리며 "죽을죄를 지었습니다" 하니, 임금이 그 연유를 물었다. 익재는 그 시를 올리고 그 때 일을 아뢰었다. 임금은 눈물을 흘리며 "만약 그날 이 시를 보았더라면 죽을힘을 다해서라도 돌아갔을 것이다. 경이 나를 사랑해 일부러 딴말을 했으니, 참으로 충성스럽고 간절한 마음이라고 하겠다" 했다.

270) 경수절 : 왕, 왕비, 왕세자의 탄신일.

황희(黃喜)의 도량

황익성공(黃翼成公)[271]은 도량이 넓어서 조그마한 일에 거리끼지 아니했다. 나이가 많고 지위가 높을수록 더욱 스스로 겸손해, 나이 90여 세인데도 한 방에 앉아서 종일 말없이 두 눈을 번갈아 뜨면서 책을 읽을 뿐이었다. 방 밖에 상도(霜桃)[272]가 잘 익었는데 이웃 아이들이 와서 함부로 따니 느린 소리로 "나도 맛보고 싶으니 다 따가지는 마라" 했다. 조금 있다가 나가보니 한 나무의 열매가 모두 없어졌다.

아침저녁 식사를 할 때마다 아이들이 모여들면 밥을 덜어주며, 떠들썩하게 서로 먹으려고 다투더라도 공은 웃을 따름이었다. 사람들이 모두 그 도량에 탄복했다. 재상이 된 지 20년 동안 조정은 공을 의지하고 중히 여겼으니

---

271) 황익성공(1363~1452) : 황희를 지칭함. 익성공(翼成公)은 황희의 시호. 초명은 수로(壽老). 자는 구부(懼夫). 호는 방촌(厖村). 세종 때에 18년간 영의정을 지내면서 농사법을 개량하고 예법을 개정하는 등 문물제도의 정비에 힘썼으며, 청백리의 표본이 되었다. 저서에 《방촌집(厖村集)》이 있다.

272) 상도 : 복숭아의 품종.

개국 이후 재상을 논하는 자는 모두 공을 으뜸으로 삼았다.

정초(鄭招)의 총명

대제학 정초(鄭招)[273]는 총명이 매우 뛰어나 무릇 서적을 한 번 보면 암송했다. 과거 볼 시기가 이미 닥쳐왔으나 공은 놀기만 하더니 하루는 육경(六經) 책갑을 뽑아 한 번 슬쩍 보고는 책을 덮고 다시 보지 아니했다. 그런데 강론할 때는 깊은 뜻을 모두 설명했고 메아리같이 응답을 했다.

일찍이 원수(元帥)의 막부에 있을 때 군졸 수백 명을 한 번 보고 모두 그 얼굴을 기억하고 이름을 아니 사람들이 모두 그 신통함을 탄복했다. 어렸을 때에 중이 금강경(金剛經)을 읽는 것을 보고 "저 금강경 같은 것은 한 번 보고 외울 수 있다" 하니, 중이 "그대가 만약 외면 내가 성찬을 낼 것이고, 그대가 만약 외지 못하면 그대가 성찬을 내어라" 했다. 서로 약속을 한 뒤에 공은 북채를 쥐고 북을 치면서 금강경을 물 흐르듯 암송해 거의 반 권쯤에 이르니 중이 도망쳐 달아났다.

---

273) 정초 : 조선 세종 때 문신. 자는 열지(悅之). 벼슬은 대제학에 이르렀다. 왕명으로 정인지 등과 함께 간의대를 만들었으며, 《농사직설》《회례문무악장》《삼강행실도》의 편찬을 주재했고 역법(曆法)을 개정했다.

정씨(鄭氏)의 귀신 이야기

나의 외할머니 정씨(鄭氏)는 양주에서 생장했다. 귀신이 그 집에 내려 한 어린 계집종에게 붙어서 수년 동안을 떠나지 않았는데 화복과 길흉을 알아맞히지 못한 적이 없었다. 말을 서슴지 않고 대답하니, 사람들이 나쁜 짓을 하여 숨길 뜻이 있어도 못하고 모두 두려워했다. 그러나 집안에는 아무 탈이 없었다. 그 목소리가 굉장히 맑아서 늙은 꾀꼬리 소리 같았다. 낮에는 공중에 떠 있고 밤이면 대들보 위에 깃들었다. 이웃에 대대로 명문인 한 집이 있었는데, 주부가 보물 비녀를 잃고 항상 계집종을 때렸다. 종이 괴로움을 이기지 못해 귀신에게 와서 물으니, 귀신이 "있는 곳을 알고는 있으나 네게 말하기는 거북하니, 네 주인이 오면 말하겠다" 했다. 종이 가서 주부에게 알리니, 주부가 친히 좁쌀을 가지고 와서 문복했다. 귀신이 "있는 곳을 알고는 있으나 차마 말하지 못하겠다. 내가 말하면 그대는 매우 무안하리다" 했다. 주부가 여러 번 물었으나 끝내 응하지 아니하자 주부가 노해 꾸짖으니, 귀신이 "그렇다면 할 수 없다. 아무 날 저녁에 그대가 이웃 아무개와 같이 닥나무 밭으로 들어가지 않았느냐. 비녀는 그 나뭇가지에 걸려 있다" 했다. 종이 가서 찾아오니 주부가 매우 부끄러워했다.

또 집종이 물건을 훔쳤는데, 귀신이 "아무개가 이를 훔쳐 아무 장에 감추었다" 하니, 종이 "어디에 있던 요물이 남의 집에 와서 의지하느냐"고 꾸짖고는 땅에 엎드려 한참 있다가 소생했다. 사람들이 왜 그러느냐고 물으니, 종이 "자색 수염이 난 장부가 내 머리털을 끌어당기니 황홀해 일어나지 못했습니다" 했다. 집안에서 점점 싫어했는데, 상국(相國) 정구(鄭矩)[274]와 부(符) 형제가 집에 오기만 하면 귀신이 두려워 달아났다가 상국이 간 뒤에 귀신이 또 돌아오곤 했다. 상국이 그 일을 알고 하루는 귀신을 불러 말하기를 "너는 숲으로 가라. 인가에 오래 머무는 것이 부당하다" 하니, 귀신이 "내가 여기 온 뒤로 집안 복을 더하도록 힘썼으며 한 번도 재앙을 일으킨 일이 없고, 이곳에 머물러 있으면서 집을 잘 받들고자 했는데 대인의 가르침이 있으니 감히 순종치 않겠습니까" 하고 마침내 통곡하며 떠났는데 끝내 영향이 없었다. 이 이야기는 내가 대부인에게서 들은 것이다.

---

274) 정구 : 조선 태종(太宗) 때 문신. 벼슬은 도승사(都承使)를 지냈다.

용재총화 권4(慵齋叢話 卷之四)

정갑손(鄭甲孫)의 기량

정절공(貞節公) 정갑손(鄭甲孫)은 용모가 웅위했으며, 키가 크고 수염이 아름다우며, 기량(器量)이 넓고 너그러웠다. 여러 대에 걸쳐 재상을 지냈으나 청빈해 집에는 모아둔 재물이 없었다. 베 이불을 덮고 깔고 거처했으나 오히려 편안하고 즐겁기만 했다. 늘 강개직언(慷慨直言)해 권력 있고 세력 있는 자를 피하지 아니하니, 탐욕한 사람도 결백해지고 나약한 사람은 뜻을 세우게 되었으며 조정에서도 믿고 중히 여겼다. 일찍이 대사헌이 되어 이조(吏曹)에서 사람을 잘못 추천해 벼슬 준 것을 논핵했다.

임금이 사정전(思政殿)에 납시어 상참(常參)을 받으실 때 상국(相國) 하연(河演)이 겸판서(兼判書)가 되고, 최부(崔府) 공이 판서가 되어 함께 입시했다. 공이 상계하기를 "최부는 말할 것도 없고 하연은 사리는 조금 안다고 하나 인재를 등용할 줄 모르니, 청하옵건대 국문하옵소서" 했다. 임금은 웃는 얼굴로 두 사람을 풀어주었다. 조회가 끝나 궁궐 밖으로 나가자 두 공이 땀이 비 오듯 하므로 공은 천연스럽게 빙그레 웃으며 말하기를 "서로 각각 직책을 다하자 함이지, 서로 해치려 함이 아니오" 하며 녹사(錄

事)를 불러 "두 공께서 몹시 더운 모양이시니 부채를 가져다 부쳐드려라" 했다. 이처럼 조용하고 화락한 마음가짐으로 두려워하고 후회하는 빛이 조금도 없었다.

버림받은 여승의 복수

홍 재상(洪宰相)이 아직 현달하지 못한 때였다. 길을 가다 비를 만나 조그만 굴속으로 들어갔더니 그 굴속에는 집이 있고 17~18세의 태도가 어여쁜 여승(女僧)이 단정하게 홀로 앉아 있었다. 공이 "어째서 홀로 앉아 있느냐" 물으니, 여승은 "세 여승과 같이 있사온데 두 여승은 양식을 구하러 마을로 내려갔습니다" 했다. 공은 마침내 그 여승과 정을 통하고 약속하기를 "아무 달 아무 날에 그대를 맞아 집으로 돌아가리라" 했다. 여승은 이 말만 믿고 매양 그날이 오기를 기다리다 그날이 지나가도 나타나지 않자 마음에 병이 되어 죽었다.

공이 나중에 남방절도사가 되어 진영(鎭營)에 있을 때, 하루는 도마뱀과 같은 조그만 생물이 공의 이불을 기어 다녔다. 공은 아전에게 명해 밖으로 내던지게 했더니 아전이 그것을 죽였다. 다음 날에도 조그만 뱀이 들어오거늘 아전이 또 죽였다. 또 그다음 날에도 뱀이 다시 방에 들어왔다. 비로소 전에 약속했던 여승의 빌미가 아닌지 의심했다. 그러나 그 위무(威武)만 믿고 아주 없애버리겠다는 생각으로 아전에게 명해 죽이게 했다. 그 뒤로는 매일 오지 않는 날이 없을 뿐만 아니라, 나올 때마다 점점 커져서 마침내 큰 구렁이가 되었다. 공은 진영에 있는 모든 군졸을 모아 칼을 들고 사방을 둘러싸게 했다. 그러나 구렁이는 여전히 포위를 뚫고 들어왔다. 군졸들도 들어오는 대로 다투어 찍어버리거나 장작불을 사면에 피워놓고 보이기만 하면 다투어 불 속에 집어 던졌으나 없어지지 않았다. 이에 공은 밤에는 구렁이를 옷으로 싸서 함 속에 넣어 침실에 두고, 낮에는 함 속에 넣어두었다. 변방을 순행할 때에도 사람을 시켜 함을 짊어지고 앞서 가게 했다. 공은 정신이 점점 쇠약해지고 얼굴빛도 파리해지더니 마침내 병들어 죽었다.

배후문(裵珝文)과 이석정(李石貞)의 활 솜씨

배후문(裵珝文), 이석정(李石貞)은 활 잘 쏘기로 한때 이름을 떨쳤다. 활쏘기를 일과로 삼아 추우나 더우나 피하지 않고 달밤에도 활쏘기를 했다. 두 사람이 사포(射布)[275]를 쏘면 종일 쏘아도 빗나가지 않아 끝내 승부가 없었다. 혹 바위 위에 조그마한 표적을 세우고 쏘면 살이 똑바로 맞아 한 번이라도 돌을 건드리지 않으니 살이 부러지는 일이 없었다.

여진(女眞)의 추장으로 활 잘 쏘는 자가 배후문의 이름을 듣고 재능을 겨루고자 50보 밖에다 두 기둥을 세우고 기둥과 기둥 사이에 옆으로 색칠한 노끈을 매고 그 중간에 조그만 고리를 매달았다. 배후문이 세 번 쏘아 세 번 다 맞히거늘 추장이 탄복해 마지않았다. 배후문이 일찍이 말하기를 "하루는 이석정과 활을 쏘려고 먼저 그곳에 갔더니 사포는 아직 치지 않았고 그때 마침 꿩 두 마리가 옆에서 먹이를 쪼고 있는데, 겨우 백 보쯤 되는 거리이므로 가는 화살을 뽑아 한 마리를 맞혔더니 남은 한 마리가 날아가려

275) 사포 : 무명 등으로 만든 과녁을 말한다.

하여 또 쏘아 잡았다. 이런 일도 극히 요행한 일로 보통 할 수 있는 일은 아니다" 했다.

이석정은 힘이 뛰어나게 세서 강궁(強弓)을 당길 수 있었다. 아침밥만 먹으면 말을 타고 활을 메고 화살 몇 개만 가지고 나간다. 대낮이 채 못 되어 돌아올 때는 꿩이나 기러기를 화살 수대로 잡아왔다. 이석정은 벼슬이 첨추(僉樞)에 이르렀으나 죄를 입고 주륙을 당했다.

배후문은 당상관에 오르지 못했다. 팔이 부러져서 시골에서 묻혀 늙었는데, 병들어 활을 쏘지 못하므로 여린 나무 활과 조그만 살을 만들어 작은 사포를 수십 보 앞에 세우고 쏘아도 백발백중 한 번도 실수가 없었으니, 명궁(名弓)이라고 이름 있는 자도 미치지 못했다.

비문(碑文)의 글씨

우리나라에는 일을 좋아하는 사람이 적어 재상이 죽어도 비갈(碑碣)을 쓰는 이가 드물다. 다만 큰절의 옛터만 많이 있으니, 지금 영남의 여러 절에 최고운(崔孤雲)이 찬한 것이 있다. 원주(原州) 자복사비(資福寺碑)는 왕 태조(王太祖)가 지은 글이요, 당 태종의 글씨를 모아서 쓴 것이니 역시 하나의 특이한 보물이다. 현화사비(玄化寺碑)는 현종(顯宗)이 친히 전자(篆字)를 액면(額面)에 쓰고 주저(周佇)가 글을 지었으며, 채충순(蔡忠順)이 글씨를 썼다. 영통사비(靈通寺碑)는 김부식(金富軾)이 짓고, 오언후(吳彦侯)가 글씨를 썼다. 모두 기고(奇古)하나 자체(字體)가 다르다. 보현원(普賢院) 뜰에 거의 넘어간 비가 있는데, 사어(辭語)가 호건(豪健)하고 자체가 굳세니, 원조(元朝)의 위소(危素)가 글을 짓고 우집(虞集)이 쓴 것이다. 참으로 절대의 기보(奇寶)인데, 사람들이 보호하고 아끼지 않아 지금은 깨지고 부서져서 남은 것이 없다. 정릉비(正陵碑)는 목은(牧隱)이 지은 글을 유항(柳巷)[276]이 쓴 것인

276) 유항 : 한수(韓脩)를 지칭한다.

데, 정묘함이 극에 달했다.

조선조에 이르러서 원각사비(圓覺寺碑는) 김괴애(金乖崖)가 지은 글을 백씨(伯氏)가 쓴 것인데, 그 필법이 자앙(子昂)과 더불어 막상막하다. 안평대군(安平大君) 용(瑢)이 쓴 영릉비(英陵碑)라도 이보다는 나을 수 없다. 후세에 보물로 삼는 사람이 반드시 많을 것이다.

화생(化生)의 이치

내가 일찍이 동산 안에 있을 때 어떤 새 한 마리가 있었는데, 허리 위는 아롱아롱하고 허리 아래는 순황색인데, 나는 것이 마치 베틀의 북[梭]을 던지는 것 같았다. 비로소 하나의 새가 여름에는 꾀꼬리가 되고 겨울에는 딱따구리가 되는 것임을 알았다.

또 시골에 있을 때 밭 가운데 물에 새우가 많아 늘 잡아다 먹었는데, 하루는 돌아와 보니 조그만 새우와 발이 많은 냄새 나는 벌레가 서로 섞여 빙빙 돌고 있었다. 자세히 보니, 머리와 꼬리가 절반이나 되는 것도 있었다. 이로부터 화생의 이치가 헛말이 아님을 알았다.

이학(理學)에 밝은 최지(崔池)

사성(司成) 최지(崔池)는 등제(登第) 이후 대부분 외직만 역임했다. 세조 11년에 문사들을 경회루 아래에 모아 놓고 재주를 시험했다. 최지가 한숨지으며 천천히 걸어 후원에 이르렀다. 마침 임금이 평복 차림으로 원 중에 나와 있었다. 최지는 길게 읍만 하고 절하지 않았다. 임금이 묻기를 "너는 누구이기에 마음대로 궁궐에 들어와서 이렇게 무례한가" 했다. 최지는 "나는 문사입니다. 궁중에는 임금만 계실 뿐인데 어찌 감히 따로 귀하에게 예를 갖추겠습니까" 했다. 최지는 이때 그 사람이 평범한 사람이 아니고 왕자일 것이라 생각하고 길가에 꿇어앉았다. 임금이 "네가 원양(原壤)[277]이 아니냐. 어찌해 꿇어앉아 기다리느냐" 하더니, 조금 있다가 시녀와 내시가 잇따라 나왔다. 최지가 놀라고 두려워서 사죄했다. 임금이 곧 서현정(序賢亭)에 납시어 최지를 불러다가 경사(經史)를 강론케 했다. 최지는 묻는 대로 술술 대답해 경사의 깊은 뜻을 하나

277) 원양 : 공자(孔子)와 같은 마을에 살던 사람인데, 공자에게 불손하게 굴고 두 다리를 쭉 뻗고 앉았다 하여 공자가 지팡이로 그의 정강이를 때렸다 한다.

하나 정밀히 설명했다. 임금이 매우 기뻐하며 손수 술을 하사하니, 최지가 쾌히 몇 잔을 기울이되 안색이 태연했다. 임금이 이르기를 "이 유생이 이학에 정통한데 늦게야 알게 된 것이 한스럽다" 하고, 곧 최지를 사예(司藝)에 임명했다.

용재총화 권5(慵齋叢話 卷之五)

비둘기 소동

옛날에 어떤 사람이 집에서 기르는 비둘기를 남몰래 가지고 시골로 내려가다가 어떤 집에서 자고 갔다. 새벽에 일찍 나왔기에 그 집에서는 손님이 가지고 온 것이 무엇인지 몰랐다. 시골에 내려가 비둘기를 내놓으니 집비둘기가 도로 서울로 날아가는데, 반드시 전에 묵었던 집에 들러서 빙빙 돌고 가는 것이었다. 그 집에서는 비둘기를 보고 모두 놀라 경사(經師)[278]에게 "비둘기도 참새도 아닌 것이 방울 소리처럼 울고, 집을 세 번 돌다가 가는데 이 무슨 상서로운 징조입니까" 하고 물었다. 경사가 말하기를 "반드시 큰 화(禍)가 있을 징조다. 내가 가서 빌어서 물리치리다" 했다.

이튿날 경사를 집으로 맞이했다. 그가 말하기를 "반드시 내가 하는 대로 따라 하라. 만약 그렇게 하지 아니하면 화가 도리어 중해지리라. 내가 시험 삼아 말해볼 터이니 당신들은 듣겠는가" 하고 부르기를 "명미(命米)[279]를 내

278) 경사 : 독경사(讀經師)의 준말로, 독경으로 점을 치는 장님을 말한다.

놔라" 하니, 모두 "명미를 내놔라" 했다. 또 경사가 "명포(命布)를 내놔라" 하니, 모두들 "명포를 내놔라" 했다. 경사가 또 "아니 어째서 내가 말하는 대로만 하는가" 하니, 모두들 "아니 어째서 내가 말하는 대로만 하는가" 했다. 장님이 그만 성이 나서 나가다가 머리가 문설주에 부딪치니 여러 사람이 모두 좇아 나오며 다투어 머리를 문설주에 부딪치고, 또 사다리를 놓고 부딪치는 아이들도 있었다. 또 장님이 문밖으로 나오다가 진흙처럼 미끄러운 쇠똥이 있어서 발이 미끄러져 넘어지니, 사람들이 모두 미끄러져 넘어지고, 쇠똥이 없어지니 혹은 그들이 넘어진 위에 덮쳐 넘어지기도 했다. 경사가 급해서 동아[280] 덩굴 밑으로 도망쳐 들어가니, 사람들이 또 따라 들어가서 산처럼 겹겹이 되었다. 아이들은 미처 들어가지 못하고 울부짖으며 "아빠, 엄마, 나는 어디로 들어가요" 하니, 부모들이 대답하기를 "동아 덩굴로 들어올 수 없거든 남쪽 기슭에 있는 칡잎 밑으로 들어가는 것이 좋을 것이다" 했다.

---

279) 명미 : 독경하는 데 폐백으로 놓는 쌀을 말한다.

280) 동아 : 동과(冬瓜). 박과의 한해살이 덩굴성 식물.

사승(師僧)을 속인 상좌

상좌(上座)가 사승(師僧)을 속이는 것은 옛날부터 흔히 있는 일이었다. 옛날에 어떤 상좌가 있었는데 그의 사승에게 말하기를 "까치가 은수저를 입에 물고 문 앞에 있는 가시나무에 올라앉아 있습니다" 하니 중이 이를 믿고 나무를 타고 올라가니 상좌가 크게 소리 질러 말하기를 "우리 스승이 까치 새끼를 잡아 구워 먹으려 한다" 했다. 중이 어쩔 줄을 몰라 내려오다가 가시에 찔려 온몸에 상처를 입었다. 중이 대로해 상좌의 종아리를 때렸다.

상좌가 밤중에 중이 드나드는 문 위에 큰솥을 매달아 놓고, 큰 소리로 "불이야" 했다. 중이 놀라서 급히 일어나 솥에 머리를 부딪쳐서 까무러쳐 땅에 엎어졌다가 한참 뒤에 나와보니 불은 없었다. 중이 노해 꾸짖으니 상좌는 "먼 산에 불이 났기에 알린 것뿐입니다" 했다. 중이 말하기를 "이제부터는 가까운 데 난 화재만 알리고, 먼 데서 난 화재는 알리지 마라" 했다.

어떤 상좌가 사승을 속이기를 "우리 집 이웃에 젊고 예쁜 과부가 있는데 항상 내게 말하기를 '절의 정원에 있는

감은 너의 스승이 혼자 먹느냐' 하기에 나는 '스승이 어찌 혼자만 먹겠습니까. 매양 사람들에게 나누어줍니다' 했더니 그 과부는 '네가 내 말을 하고 좀 얻어오너라. 나도 감이 먹고 싶다' 했습니다" 했다. 중이 말하기를 "만약 그렇다면 네가 따서 갖다 주어라" 했다. 상좌가 모두 따다가 제 부모에게 갖다 주고는 중에게 가서 "여자가 매우 기뻐하며 맛있게 먹고는 다시 말하기를 '옥당(玉堂)에 배설한 흰떡은 너의 스승이 혼자 먹느냐' 하기에 내가 '스승이 어찌 혼자 먹겠습니까. 매양 사람들에게 나누어줍니다' 했더니 과부는 '네가 내 말을 하고 좀 얻어오너라. 나도 먹고 싶다' 했습니다" 하니 중은 "만약 그렇다면 네가 거두어서 갖다 주어라" 하므로 상좌가 모두 거두어 제 부모에게 주고는 중에게 가서 "과부가 매우 기뻐하며 맛나게 먹고 나서 하는 말이 '무엇으로써 네 스승의 은혜를 보답하겠느냐' 하기에 내가 '우리 스승이 서로 만나보고 싶어 합니다' 하니 과부는 흔연히 허락하며 말하기를 '우리 집에는 친척과 종들이 많으니 스승이 오시는 것은 불가하고 내가 몸을 빼어 나가서 절에 가서 한번 뵈옵겠다' 하므로 내가 모일(某日)로 기약했습니다" 하니 중은 기쁨을 견디지 못했다.

그 날짜가 되자 상좌를 보내어 가서 데려오게 했다. 상좌가 과부에게 가서 말하기를 "우리 스승이 폐병을 앓는데 의사의 말이 부인의 고운 신발을 따뜻하게 하여 배를 문지르면 낫는다 하니 한 짝만 얻어 갑시다" 하니 과부가 주었다. 상좌가 돌아와서 문 뒤에 숨어서 엿보니 중이 깨끗이 선실(禪室)을 쓸고 자리를 펴놓고 중얼거려 웃으며 하는 말이 "내가 여기에 앉고 여자는 여기 앉게 하고, 내가 밥을 권하고 여자가 먹으면 여자의 손을 잡고 방으로 들어가서 서로 함께 즐기지" 했다. 상좌가 들어가서 신을 중 앞에 던지면서 말하기를 "큰일은 다 틀렸습니다. 내가 과부를 청해 문까지 이르렀다가 스승의 하는 소행을 보고 화를 내며 하는 말이 '네가 나를 속였구나. 네 스승은 미친 사람이구나' 하고 달아나므로 내가 쫓아갔으나 따르지 못하고 다만 벗어버리고 간 신 한 짝만 가지고 왔습니다" 했다. 중이 머리를 숙이고 후회하며 하는 말이 "네가 내 입을 쳐라" 하니, 상좌가 목침(木枕)으로 힘껏 쳐서 이가 다 부러졌다.

도수승(渡水僧)

어떤 중이 과부를 꾀어 장가들러 가는 날 저녁에 상좌가 속여 말하기를 "생콩을 가루로 만들고 양념을 쳐서 물에 타서 마시면 양기(陽氣)를 돕는 데 매우 좋다고 합니다" 했다. 중이 그 말을 믿고 그렇게 하여 마시었다. 과부의 집에 이르니 배가 불러 간신히 기어서 들어가 휘장을 내리고 앉아 발로 항문을 괴고 꼼짝하지 못했다. 조금 있다가 과부가 들어왔으나 중이 꿇어앉아서 움직이지 못하니 과부가 말하기를 "어찌 이처럼 목우(木偶)[281] 모양을 하고 있습니까" 하며 손으로 잡아끄니 중이 땅에 엎드러지며 설사를 했다. 구린내가 방 안에 가득하니 과부는 매를 때려 내쫓았다. 중이 밤중에 혼자 가다가 길을 잃었다. 흰 기운이 길을 가로질러 있으므로 중이 시냇물로 생각하고 옷을 걷어 올리고 들어가니 메밀꽃이었다. 중은 성이 났다. 또 흰 기운이 길을 가로질러 있는 것을 보고 "메밀밭이 나를 그르치게 하더니 또 메밀밭이 있구나" 하고, 옷을 걷어 올리지 않고 들어가니 그것은 물이었다.

---

281) 목우 : 나무로 만든 인형을 말한다.

중은 옷이 모두 젖은 채 다리 하나를 지나가는데 아낙네 두어 명이 시냇가에서 쌀을 일고 있었다. 중이 “시큼시큼하구나” 했는데, 이 말은 오는 길에 낭패하고 수고함을 형용함이다. 아낙네들은 그 까닭을 모르고 모두 와서 길을 막으며 “술 담글 쌀을 이는데 어찌 시큼시큼하다는 말을 하는가” 하고 옷을 다 찢고 때려주었다.

해가 높이 뜨도록 얻어먹지 못하고 배가 고파 참을 수 없어서 마를 캐어 씹고 있으니, 갑작스레 웃고 외치는 소리가 났다. 그것은 수령의 행차였다. 중은 다리 밑에 엎드려 피하고 가만히 생각하기를 “이 마가 매우 맛있으니 이것을 수령에게 바치면 밥을 얻을 수 있겠는데” 했다. 수령이 다리에 이르자 중이 갑자기 나타나니 말이 놀라 수령이 땅에 떨어졌으므로 대로해 매를 때리고 가버렸다.

중이 다리 옆에 누워 있었더니, 순찰관 두어 명이 다리를 지나가다가 보고 “다리 옆에 죽은 중이 있으니 몽둥이질하는 연습을 하자” 하고 다투어 몽둥이를 가지고 연달아 매질하니, 중은 무서워서 숨도 쉬지 못했다. 한 사람이 칼을 빼들고 다가오며 말하기를 “죽은 중의 양근(陽根)이 약에 쓰일 것이니 잘라서 쓰자” 했다. 중이 크게 소리 지르며 달아나서 저물녘에야 절에 도착하니 문이 잠겨 들어갈 수가 없었다. 소리를 높여 상좌를 불러 “문 열어라” 하니 상좌가 "우리 스승은 과부 집에 갔는데 너는 누구이기에 밤중에 왔느냐" 하고 나와 보지 않았다. 중이 개구멍으로 들어가니 상좌가 "뒤 집 개냐. 간밤에 공양할 기름을 다 핥아먹더니 이제 또 왔느냐" 하고 몽둥이로 때렸다. 지금도 낭패해 고생한 사람을 '물 건넌 중[渡水僧]'이라고 한다.

바보 사위

옛날에 어떤 선비가 사위를 맞이했는데, 사위가 매우 어리석어서 콩과 보리를 구별하지 못했다. 사흘 만에 신부와 함께 앉았는데 소반 위에 있는 송편을 가리키며 "이것이 무엇인고" 물으니 신부가 "쉬쉬" 했다. 또 사위가 떡을 쪼개니 그 속에 잣이 들어 있었다. "이것은 또 무엇인고" 하고 물으니 신부가 "말 말아요" 했다. 사위가 그의 집에 돌아가니 부모가 "무엇을 먹었느냐" 물었더니 그는 "한 '쉬쉬' 속에 세 개의 '말 말아요'가 있었습니다" 했다. 신부 집에서는 근심과 후회로 어찌할 바를 몰랐다.

어느 날 처가에서 50곡(斛)[282]들이나 되는 노목(盧木) 궤짝을 사서 약속하기를 "사위가 만약 이것을 알면 내쫓지 않으리라" 했다. 그래서 신부가 밤새도록 가르쳐주었다. 이튿날 장인이 사위를 불러내 보이자 사위가 몽둥이로 그것을 두드리며 말하기를 "노목 궤짝이 50곡들이나 되겠습니다" 하니 장인이 매우 기뻐했다. 또 나무통을 사

282) 곡 : 곡식의 분량을 헤아리는 데 쓰는 그릇의 하나. 스무 말들이와 열닷 말들이가 있다.

서 보이니 몽둥이로 두드리며 "노목통이 50곡들이나 되겠습니다" 했다. 장인이 방광염을 앓고 있을 때 사위가 병문안을 갔다. 장인이 나와서 보니 역시 몽둥이로 장인을 두드리며 "노목 방광이 50곡들이나 되겠습니다" 했다.

이 장군(李將軍)의 호색담

이 장군(李將軍)이 있었는데, 젊고 훤칠했으며 풍채가 옥과 같았다. 하루는 말을 타고 큰길을 지나가는데 길거리에 22~23세쯤 되어 보이는 매우 아름다운 여자가 계집종 두어 명을 거느리고 장님에게 점을 치고 있었다. 장군이 눈짓을 하니 그녀 또한 장군의 위의를 사모하듯이 서로 주시했다. 장군이 졸병에게 그녀의 가는 곳을 알아보게 했다. 점치기를 마치더니 말을 타고 계집종을 거느리고 남문으로 들어가 사제동(沙堤洞)으로 향하는데, 동네의 가장 높은 곳에 있는 큰 집이었다.

이튿날 장군이 사제동에 들어가서 여염집에 출입하다가, 마침 그 동네에 사는 궁장(弓匠)을 만났다. 장군은 무인(武人)이라 이내 서로 사귀어 나날이 이야기하고 놀면서 동네의 모든 집에 관해 물으니 궁장은 일일이 말해주었다. 장군은 또 묻기를 "저 산기슭에 있는 큰 집은 누구 집인가" 하니, 궁장은 "재상 모 공(某公)의 딸 집인데, 요사이 과부가 되었다" 했다. 그 뒤로부터는 장군이 오가는 사람을 보면 반드시 과부가 사는 집을 물었다. 하루는 한 소녀가 와서 불을 얻어갔다. 궁장이 "지금 온 소녀가 과부댁 사람입니다" 했다. 장군은 그리 알고는 이튿날 궁장을 찾아와서 사정을 말하고 "내가 그 여자를 사랑해 잊을 수 없소. 만약 주인의 주선으로 성사하게 되면 죽든지 살든지 오로지 그대 시키는 대로 하겠소" 했다. 궁장이 그 소녀를 불러 장군의 말을 전하고 돈과 옷감을 주니 그 소녀가 드디어 승낙했다. 장군이 말하기를 "너를 매우 사랑하지만 일단 정회(情懷)가 있으니 네가 내 청원을 들어주면 후하게 사례할 뿐만 아니라 너의 살림을 맡아주겠다" 하니 소녀가 "말씀해 보십시오" 했다. 장군이 "요전에 네 주인을 길에서 본 뒤로는 마음이 황홀해 입맛을 잃었다" 하니 소녀가 "그것은 아주 쉬운 일입니다" 했다. 장군이 "어떻게 하면 되느냐" 하니, 소녀는 "내일 저물녘에 우리 집 문밖으로 오시면 제가 나와 기다리고 있겠습니다" 했다. 장군이 약속한 대로 가니 소녀는 반갑게 맞이해 제 방에 들이고 경계하기를 "서두르지 마시고 참고 기다리십시오" 하며 문을 닫고 잠가버렸다. 장군이 두려워서 그 소녀에게 속지나 않았나 의심했더니 조금 있다가 안채에서 등불이 켜지고 왁자지껄하는 소리가 들렸는데 주인 여자가 변소에 가는 모양이었다. 이때 소녀가 내려와서 장군을 끼고 들어가 안방에 있게 하고 다시 경계하기를 "참고 참으십시오. 참지 않으면 계획이 깨어질 것입니다" 하므로 장군은 캄캄

한 방에 들어가 있었다. 얼마 안 되어 등불이 켜지고 떠드는 소리가 나더니 주인 여자가 들어왔는데, 계집종이 물러가자 주인 여자는 적삼을 벗고 낯을 씻고 분을 바르니 얼굴이 옥처럼 깨끗했다. 장군은 생각하기를 "나를 맞으려나 보다" 했더니 세수하고 머리를 빗은 뒤 동(銅)화로에 불을 피우고 고기를 구우며 은주전자에 술을 데우기에 장군은 "내게 먹이려나 보다" 생각하고 나가려 하다가 문득 그 소녀의 참으라고 한 말을 생각해 가만히 앉아 기다렸다. 조금 있다가 창문에 모래를 끼얹는 소리가 나자 주인 여자가 일어나서 창문을 열고 거만한 사나이를 맞아들였다. 그 사나이는 들어서자마자 주인 여자를 껴안고 희롱하므로, 장군은 섬뜩해 나가려고 했으나 도리가 없어 그냥 있으니 조금 후에 그 사나이는 주인 여자와 나란히 앉아서 고기를 먹고 술을 마시다가 모자를 벗었는데, 늠름한 까까중이었다. 장군은 그를 제지하리라 생각하고 방 안을 더듬어 긴 노끈 한 움큼을 쥐고 있다가 중이 주인 여자와 함께 누울 때 장군이 튀어나와 노끈으로 중을 기둥에 묶어놓고 몽둥이로 마구 치니 중은 한없이 슬프게 부르짖었다. 그런 뒤 장군은 주인 여자와 한 번 즐기고 중에게 말하기를 "군중(軍中)의 새사람 만난 예(禮)를 행하려 하니 네가 장만할 수 있겠느냐" 하니 중이 "명령대로 거행하겠습니다" 하고 새사람 만난 예의 잔치 도구를 마련해 주었다. 그 뒤로 장군은 과부 집에 자주 왕래하고 과부 역시 장군을 사랑해 여러 해가 되어도 변하지 않았다.

아내를 연모하다 뱀이 된 스님

나의 외삼촌 안 공(安公)이 임천(林川)[283] 군수가 되었을 때, 보광사(普光寺)에 대선사(大禪師) 모(某)란 중이 있어 자주 와서 뵈었다. 그 사람됨이 더불어 이야기할 만하므로 서로 친숙했다. 그 중은 시골 여자를 데려다 아내로 삼고 몰래 왕래하다가, 어느 날 그 중이 죽어서 뱀이 되어 아내의 방에 들어왔다. 낮에는 항아리 속에 들어 있고 밤이면 아내의 품에 들어가 그녀의 허리를 감고 머리는 가슴에 기대었다. 꼬리에 음경과 같은 혹이 있어서 그 곡진하고 정다움이 마치 전날과 같았다.

외삼촌이 이 얘기를 듣고 여인에게 뱀이 든 항아리를 가져오게 했다. 중의 이름을 부르니 뱀이 머리를 내밀었다. 외삼촌이 꾸짖기를 "아내를 그리워해 뱀이 되다니 중의 도리가 과연 이 같은가" 하니, 뱀이 머리를 움츠리고 들어갔다. 외삼촌이 몰래 사람을 시켜 조그만 함을 만들게 하고 그 아내에게 뱀을 꾀어 말하게 하기를 "군수님이 그대에게 새 함을 주어 몸을 편안하게 해줄 것이니 빨리 나

---

283) 임천 : 지금의 부여(夫餘)를 말한다.

와요" 하며 치마를 함 속에 펴주니 뱀이 항아리에서 나와 함 속에 옮겨 누우므로 건강한 아전 두어 명이 뚜껑을 덮고 못을 박았다. 뱀이 날뛰고 뒹굴며 나오려 했으나 나오지 못했다. 또 명정(銘旌)[284]에 중의 이름을 써서 앞을 인도하고, 중의 무리 수십 명이 북과 바리때를 울리고 불경을 외며 따라가서 강물에 띄워 보냈는데 그 후 그 아내는 아무 탈이 없었다.

284) 명정 : 죽은 사람의 관직과 성씨 따위를 적은 기. 일정한 크기의 긴 천에 보통 다홍 바탕에 흰 글씨로 쓰며, 장사 지낼 때 상여 앞에서 들고 간 뒤에 널 위에 펴 묻는다.

정절의 어려움

윤 수령(尹守領)은 여러 딸을 두었다. 어느 날 문무백관들이 위의를 갖추고 조서(詔書)를 맞이하게 되자 남녀들이 물밀듯이 모여들어 구경했다. 윤 공의 딸들도 역시 화장을 하고 가보려 했다. 공은 딸들을 불러 세우고 가르쳐 달래기를 "너희들이 구경하는 것은 좋으나 내가 한마디 할 말이 있으니 들어봐라. 옛날에 어떤 임금이 8척이나 되는 나무를 뜰에 심어놓고 이것을 뽑을 사람을 모집하기를 '이 나무를 뽑으면 천금을 주겠노라' 했다. 조정의 모든 벼슬아치 중 힘센 사람도 모두 뽑지 못했다. 술사(術師)가 말하기를 '정녀(貞女)는 뽑을 수 있을 것입니다' 하여 이때 성안의 부녀자들을 뜰에 모았는데, 어떤 사람은 바라다보고 달아나고 어떤 사람은 만져보고 물러가곤 했다. 그런데 이때 한 여자가 스스로 '정절(貞節)이 있습니다' 하고 그 나무를 어루만졌는데 움직이기는 했으나 넘어뜨리지는 못했다. 여자가 하늘을 우러러 맹세해 말하기를 '평생의 절조를 하늘이 아는 바인데 이제 이미 이와 같으니 죽는 것보다 못합니다' 하더니 울음을 그칠 줄 몰랐다. 술사가 '비록 숨길 행실은 없으나 반드시 외모를 사모해 잊지 못하는 사람이 있을 것이요' 했다. 여자는 문득 깨닫고 말하기를 '그러합니다. 어느 날 문에 기대어 서 있을 때 한 선비가 화살을 허리에 차고 말을 타고 지나갔는데, 눈은 가늘고 눈썹은 길어 아름다운 모습이 뛰어났기에, 저 선비의 아내 되는 사람은 참으로 복 있는 사람이리라고 생각한 일이 있을 뿐, 이 밖에는 조금도 사사로운 정이라곤 없습니다' 했다. 그때 술사가 '이것으로도 넉넉히 이 나무를 뽑지 못하는 연유에 해당합니다' 했다. 그 여자는 다시 경건한 마음으로 맹세하고 나아가 드디어 나무를 뽑아낸 일이 있었다는데, 이제 너희가 만약 훤칠한 선비를 보고도 잠자리 생각을 갖지 않을 수 있겠느냐" 하니 딸들이 결국 가지 못했다.

안생(安生)의 사랑

안생(安生)이란 서울의 명문가 사람이 있었는데, 이름은 학궁(學宮)[285]에 걸어두었으나, 살진 말에 가벼운 복장으로 장안을 돌아다녔다. 일찍 상처하고 혼자 살았는데, 당대 정승의 계집종으로 돈이 많은 미인이 동성(東城)에 살고 있다는 소문을 듣고, 많은 재물로써 빙폐(聘幣)[286]를 들였으나 뜻대로 되지 않았다. 마침 안생이 병이 났으므로 중매하는 사람이 상사병으로 안생이 죽게 되었다고 하여 그 여자의 마음을 움직여 마침내 혼인했다. 여자는 17~18세쯤 되었는데 얼굴과 자태가 매우 아름다웠다. 서로 간곡한 정다움이 날로 깊어갔다.

한편 안생도 나이가 젊고 풍채가 아름다워서 이웃 사람들이 흠모했다. 그 여인의 집에서도 또 좋은 사위를 얻었음을 기뻐해 아침저녁으로 반드시 성찬을 차리고 집안 재산도 태반이 안씨에게 돌아갔다. 여러 사위들이 샘을 내어 정승에게 가서 호소하기를 "장인이 새 사위를 얻은

---

285) 학궁 : 성균관을 말한다.

286) 빙폐 : 공경하는 뜻에서 보내는 예물을 말한다.

이래로 집안이 기울어지고 파산해 점점 어려워집니다" 하니 정승은 노해 말하기를 "내 뜻을 기다리지 않고 갑자기 양가(良家)의 사위를 얻었으니, 내가 크게 징계해 이로써 후인(後人)을 경계하리라" 하고 곧 미치광이 종놈 몇 명을 시켜서 안생의 장인과 아내를 잡아오게 했다. 이때 안생은 아내와 함께 밥상을 대했다가 황겁해 어찌할 바를 모르고 서로 붙들고 통곡하며 두 손을 꼭 잡고 있을 뿐이었다. 그의 아내는 한 번 붙들려간 후로는 깊은 궁에 갇히어 겹문과 높은 담으로 안팎이 서로 떨어지니, 안생도 어찌할 수가 없어서 오직 처가 사람들과 더불어 돈과 베를 내어 궁중의 종들과 문지기 졸병에게 후하게 뇌물을 주고 밤을 틈타서 담을 넘어 상종하고 조그마한 점방을 궁 옆에 사서 왕래하는 곳으로 삼았다. 하루는 여자 집에서 붉은 신 한 켤레를 보내오니 아내가 늘 갖고 놀기에 안생이 희롱하기를 "이런 좋은 신을 신고 장차 다른 사람과 즐기려 하오" 하니 여자는 얼굴빛을 변해 말하기를 "서로 약속한 말이 똑똑히 눈앞에 있는데, 임자는 어찌 이와 같은 말씀을 하십니까" 하고 곧 차고 있던 칼을 풀어 신 한 짝을 갈기갈기 찢어버렸다. 또 어느 날 흰 적삼을 바느질하기에 안생이 역시 전날처럼 희롱하니 여자는 낯을 가리고 울며 말하기를 "내가 임자를 배반한 것이 아니라 임자가 나를 배반했습니다" 하고 적삼을 더러운 개천에 던지니 안생은 그 절조에 심복해 사랑함이 더욱 깊었다. 이로부터 저녁에 가서 새벽에 돌아오곤 하여 이런 생활이 여러 달 계속되었는데, 정승이 이 소문을 듣고 대로해 아내가 없는 하인에게 시집가라 하니 여자는 곧 흔연히 말하기를 "일이 이미 이렇게 되었는데 내가 어찌 수절하겠는가" 하고, 시집갈 도구를 친히 준비해 궁인을 모두 불러서 성찬을 만들어 먹였다. 사람마다 모두 그가 개가한다고 생각하고, 혹은 그의 이랬다저랬다 하여 믿음이 없음을 미워했는데, 그 여자는 이날 저녁에 가만히 딴 방에 들어가 목매어 죽었으나 안생은 몰랐다.

이튿날 안생은 본가에 있었는데 예쁜 젊은 여자가 들어와 "낭자가 왔소이다" 하기에 안생은 신을 거꾸로 신고 문밖에 나가니 예쁜 여자가 급히 말하기를 "낭자가 어젯밤에 죽었소이다" 했다. 안생은 웃으며 믿지 않았다. 그 까닭도 묻지 않고 점방에 이르니, 당중(堂中)에 평상을 놓고 옷과 이불로 시체를 덮었거늘, 안생은 실성통곡하며 다리를 베고 가슴을 치니 온 이웃에서 이 소리를 듣고 흐느껴 울지 않는 사람이 없었다. 이때에 큰비가 오고 물이 넘쳐서 사람이 동성 집에 통행하지 못해, 안생이 몸소 상구(喪具)를 갖추어 빈소를 차려두고 아침저녁으로 전(奠)을 배설하며 눈을 붙이지 아니하다가 밤이 깊어서 옷을 입은 채 잠깐 자는데, 여자가 평소의 모습으로 밖에서 들어왔다. 안생이 나아가 더불어 이야기하려 하다가 갑자기 깨어 방 안을 둘러보니, 창문은 적적하고 바람은 문풍지를 걷어 올렸는데, 외로운 등불만 명멸할 뿐이었다. 안생은 울부짖고 기절했다가 소생했다. 사흘이 지난 뒤에 구름이 흩어지고 비가 개므로, 안생은 달빛을 받으며 본가로 향해 홀로 발 가는 대로 걸어 수강궁(壽康宮) 동문에 이르니, 밤은 이미 이경(二更)인데 화장하고 머리를 크게 쪽 지어 올린 여자가 앞서거니 뒤서거니 안생을 따라오므로 그가 따라가 보니, 기침하고 탄식하는 것이 모두 전날에 듣던 소리와 같았다. 그는 크게 부르며 달려가서 어떤 도랑에 이르니 여자가 또 그 옆에 앉았다. 안생은 돌아보지 않고 그의 집에 이르렀더니 여자는 또 문밖에 섰기에 그가 큰 소리로 종을 부르니, 여자는 모탕[287]에 몸을 감추고 아무것도 보이지 않았다. 안생은 심신이 흐리멍덩해 바보 같기도 하고 미치광이 같기도 하더니, 달포가 지난 뒤에 정중한 예로 아내의 장사를 지냈다. 얼마 안 가서 그도 역시 죽었다.

---

287) 모탕 : 나무를 패거나 자를 때에 받쳐놓는 나무토막. 곡식이나 물건을 땅바닥에 놓거나 쌓을 때 밑에 괴는 나무토막.

명통사(明通寺) 장님의 어리석음

도시 복판에 명통사(明通寺)라는 절이 있었는데 장님들이 모이는 곳이었다. 장님들은 초하루와 보름날에 한 번씩 모여 경을 외며 축수(祝壽)하는 것을 일삼았다. 높은 사람은 당(堂)에 들어가고 낮은 사람은 문을 지키며 겹문에 창[戟]을 세워 사람이 들어가지 못했다. 그런데 한 서생(書生)이 몸을 솟구쳐 바로 들어가 대들보에 올라가 있었다. 장님이 작은 종을 치기에 서생이 종을 끌어올려 버렸으므로 장님은 북채를 휘둘러 허공을 쳤다. 그런 뒤에 다시 종을 내려주자 장님이 손으로 만져보니 종은 여전히 있었다. 이와 같이 하기를 서너 번 거듭하니 장님은 말하기를 "당중(堂中)의 작은 종이 무엇인가에 끌려 올라간다" 했다. 그러자 모든 장님이 둘러앉아 점을 쳤다. 그중의 한 장님이 "이것은 틀림없이 벽 사이에 박쥐가 붙어서 그렇게 하는 것이다" 했다. 모두 일어나 벽을 만져보았으나 아무것도 없었다. 또 어느 장님이 "이것은 틀림없이 저녁닭이 들보 위에 앉아서 그렇게 하는 것이다" 하여 서로 다투어 장대로 들보 위를 때렸으므로 그는 엉금엉금 기어서 돌아왔다.

이튿날 삼노끈 두어 발을 얻어가지고 절 변소에 숨어 있었다. 주인 장님이 변소에 와서 웅크리고 앉자 서생이 갑자기 노끈으로 그의 음경을 매어 당겼다. 장님은 크게 소리치며 구원을 청했다. 여러 장님이 다투어 와서 주문을 외기를 "주인 장님이 변소 귀신에게 화를 입게 되었다" 하며, 혹은 이웃을 불러 약을 구하고 혹은 북을 울려 명(命)을 비는 자도 있었다.

호색 장님의 어리석음

또 한 장님이 있었는데 이웃 사람에게 부탁해 미녀에게 장가들려 했다. 하루는 이웃 사람이 그에게 말하기를 "우리 이웃에 체격이 알맞은 진짜 절세 미녀가 있는데, 그대의 말을 그 여자에게 들려주면 흔연히 응할 것 같으나, 다만 재물을 매우 많이 달라고 할 것 같소" 했다. 장님은 "만약 그렇다면 재산을 기울여 파산에 이를지언정 어찌 인색하게 하리오" 하고 그의 아내가 나가고 없는 틈을 타서 주머니와 상자를 찾아 재물을 모두 꺼내주고 만나기를 약속했다. 만날 날이 되어 장님은 옷을 잘 차려입고 나가고 아내 역시 화장을 고치고 그의 뒤를 따라가서 먼저 방에 들어가 있었다. 장님은 아무것도 모르고 재배(再拜)하고 혼례를 마쳤다.

이날 밤에 자기 아내와 동침하는데 아기자기한 인정과 태도가 평상시와 달랐다. 장님은 아내의 등을 어루만지며 말하기를 "오늘밤이 무슨 밤이기에 이처럼 좋은 사람을 만났는고. 만약에 음식에 비유하면 그대는 웅번(熊膰)[288]

---

288) 웅번 : 곰의 발바닥을 말한다. 팔진미의 하나다.

이나 표태(豹胎)[289]와 같고 우리 집사람은 명아주국이나 현미밥과 같구나" 하고 재물을 많이 주었다. 새벽이 되어 아내가 먼저 그의 집에 가서 이불을 안고 앉아 졸다가 장님이 들어오는 것을 보고 묻기를 "어젯밤에는 어디서 주무셨소" 하니 장님은 "모(某) 정승 집에서 경을 외다가 밤 추위로 배탈이 났으니 술을 걸러 약으로 쓰게 하오" 했다. 아내가 매우 꾸짖기를 "웅번, 표태를 많이 먹고 명아주국과 현미밥으로 오장육부를 요란하게 했으니 어찌 앓지 않을 수 있겠소" 하니 장님은 아무 대꾸도 하지 못하고 그제야 아내에게 속은 줄을 알았다.

289) 표태 : 표범의 태반을 말한다.

풍산수(豊山守)의 어리석음

종실(宗室) 풍산수(豊山守)는 매우 어리석어 콩과 보리를 분별하지 못했다. 집에서 오리를 길렀는데 계산을 할 줄 몰라 오직 쌍쌍으로만 세었다. 하루는 집의 아이 종이 오리 한 마리를 삶아 먹었더니 그는 쌍쌍으로 세다가 한 짝만 남으므로 대로해 종을 때리며 "네가 내 오리를 훔쳤으니 반드시 다른 오리로 변상해라" 했다. 이튿날 종이 또 한 마리를 삶아 먹었더니, 그는 쌍쌍으로 세어 보아도 남는 짝이 없으므로 매우 기뻐하며 하는 말이 "형벌이 없지 않을 수 없도다. 어제 저녁에 종을 때렸더니 변상해 바쳤구나" 했다.

흉내를 잘 내는 사람들

우리 이웃에 동계(東界)에서 온 함북간(咸北間)이란 사람이 있었다. 피리도 좀 불 줄 알고 농담과 광대놀이를 잘했다. 매양 사람의 행동거지를 보면 문득 그가 하는 흉내내기는 진짜와 가짜를 분간하기 어려울 정도였다. 비파와 거문고 소리 같은 것도 쟁쟁하게 내었으며, 절주(節奏)[290]에 능해서 매양 궁궐에 들어가 상을 많이 받았다. 또 대모지(大毛知)란 사람은 거위 · 오리 · 닭 · 꿩 등의 소리를 흉내 내어, 소리를 내기만 하면 이웃 닭들이 날개를 치며 몰려들어 왔다. 또 기지(耆之)[291]에게는 불만(佛萬)이라는 종이 있었는데, 개 짖는 소리를 잘해 영동(嶺東) 지방에 유람했을 때 어느 마을에서 밤중에 소리를 내니 이웃 개가 모두 모여들었다.

---

290) 절주 : 리듬.

291) 기지 : 채수(蔡壽)의 자(字).

사냥꾼 김속시(金束時)

김속시(金束時)라는 여진(女眞) 사람이 있었다. 젊었을 때 그의 아비를 따라왔는데, 무예가 뛰어나고 자못 경사(經史)에도 밝았다. 집이 조종현(朝宗縣)[292] 산골에 있어서 날마다 사냥을 일삼았다. 일찍이 나에게 사슴 잡는 요령을 들려주었다.

"여름이 되어 풀이 우거질 때에는 노루와 사슴이 새벽에 나와서 풀을 먹고 배가 부르면 숲속에 들어가 누워 있습니다. 내가 사냥꾼 몇 명을 데리고 짐승의 자취를 찾아 있는 곳을 알고서, 사방에 그물을 치고 한두 사람을 산 위에 올려 보내어 혹은 노래하고, 혹은 소리를 질러 밭 갈고 소 모는 시늉을 하게 하는데, 짐승이 이 소리를 들으면 심상한 일인 줄 알고 달아나지 않고 기를 죽이고 엎드려 있습니다. 이 틈을 타서 활시위를 당기고 나아가서 화살 한 개로 적중시킵니다. 만약 이때 맞지 않으면 달아나다가 그물에 걸리므로 백에 한 번도 놓치지 않습니다. 초목이 시들고 잎들이 떨어진 뒤에는 가만히 짐승이 다니는 길목

292) 조종현 : 지금의 경기도 가평을 말한다.

을 지키고 섰다가 오는 것을 기다려 쏩니다" 했다.

또 곰을 잡는 요령을 얘기하기를 "대개 곰은 용감하고 힘이 세어 호랑이를 만나면 한쪽 앞발로 큰 돌을 들고, 한쪽 앞발로는 호랑이의 목덜미를 움켜쥐고 치며, 또 나뭇가지를 꺾어 때린 뒤에는 다시 다른 나무를 꺾어서 칩니다. 한참 있다가 호랑이가 힘이 빠지면 돌을 밀치고 다시 싸웁니다. 곰은 또 큰 나무를 잘 타서 사람처럼 웅크리고 있기도 하고, 두 앞발로 가지를 잡아당겨 도토리 열매를 따먹으며, 혹은 골짜기의 시냇물을 따라 조그마한 가재를 잡아먹는데, 겨울이 되면 바위굴에 들어가서 아무것도 먹지 아니하고 발바닥만 핥습니다. 10월에 천둥소리가 나면 굴에 들어가지 못하고 다만 나뭇잎으로 몸뚱이를 싸고 앉아 있습니다. 나는 여름에 풀이 우거질 때 곰이 나무에 올라가는 것을 보면, 옷을 벗고 활을 가지고 들어가서 곰의 뒤편에 앉은 다음, 곰이 다리를 펴 나뭇가지에 오르면 활시위를 당겨 이를 쏘고, 물러가 풀 속에 누워 숨을 죽이고 시체처럼 하고 있습니다. 곰이 살을 맞으면 어쩔 줄을 모르고 내려와서 사방을 더듬어 찾다가 내가 있는 곳까지 와도 모르고 해치지 못합니다. 그러다가 괴로움을 못 견디어 사람이 슬피 부르짖는 소리처럼 외치다가 시냇물에 엎어져서 죽고 맙니다" 했다.

또 호랑이를 잡는 요령을 얘기하기를 "평생에 호랑이를 쏜 일은 그 수효를 셀 수 없습니다. 옛날에 세조(世祖)께서 온양(溫陽)에 머무르셨는데, 한 선비가 와서 아뢰기를 '열여섯 살쯤 된 여자가 어젯밤에 안방에 있다가 마침 창문이 열려서 호랑이가 물어갔사오니, 성덕은 이 원통하고 억울함을 풀어주시옵소서' 하여 세조께서 장수들에게 명하시어 잡으라 하셨는데, 역시 나를 따라가게 하셨습니다. 그 여자 집에 도착해 상황을 물어보고서 산 중턱에 이르니, 붉은 적삼이 반쯤 찢어져서 나무 끝에 걸려 있고, 또 몇 걸음 가니 시체가 산골짜기 시냇가에 있는데 반은 이미 먹혀 있었습니다. 조금 있다가 나무 사이에서 으르렁거리는 소리가 들리기에 돌아다보니, 큰 호랑이가 탐탐히 노려보고 있었습니다. 나는 분함을 못 참아 말을 달려 나아가 한 살로 맞히고 물러나다가 말이 소나무 가지에 걸려 쓰러지니, 호랑이가 달려들어 내 팔을 끌어당겨 물므로 호랑이와 싸우는데, 우인(虞人)이 와서 쏘아 죽여 마침내 위험을 면했습니다" 했다. 옷을 벗어보니 팔에 상처 난 자리가 있었다.

봉석주(奉石柱)의 탐욕

봉석주(奉石柱)는 날래고 용감한데다가 활을 잘 쏘았다. 그의 격구(擊毬)[293]는 당시에 제일이었다. 정난공신(靖難功臣)[294]으로서 정2품의 봉군(封君)이 되었다. 사람됨이 탐욕스럽고 포학해 날로 재물 불리는 것으로 일을 삼았다. 침공(針工)을 불러다가 술을 먹이고는 바늘 수십 개를 만들게 한다. 그리고 노비들을 다른 지방으로 보낼 때 사람마다 바늘 한 개씩 주고는 각각 달걀 하나와 바꿔 오게 한다. 다시 그 달걀을 노비들에게 되돌려주고, 가을이

---

293) 격구 : 구(毬)를 치는 무예(武藝). 기격구(騎擊毬)와 보격구(步擊毬)가 있다. 기격구는 말을 타고 달리면서 구를 쳐서 구문(毬門)으로 내는 것이고, 보격구는 도보로 구를 쳐서 땅에 파놓은 구멍에 넣는다. 특히 기격구에는 여러 가지 복잡한 방식과 절차가 정해져 있다.

294) 정난공신 : 김종서(金宗瑞), 황보인(皇甫仁), 안평대군(安平大君) 등을 제거하는 데 공을 세운 사람에게 준 훈호(勳號)다. 1453년 나이 어린 임금 단종(端宗)이 즉위하니 수양대군(首陽大君)은 왕위 찬탈을 계획하고 측근자와 모의해서 단종에게 충성을 바치는 김종서 · 황보인 · 안평대군 등을 죽이고 왕위 찬탈의 기초 작업을 성취했다. 그러고는 수양대군은 그들이 모반을 꾀했으므로 제거했다고 아뢰고, 이 거사에 협력한 자들에게 정난공신의 호를 내리게 했다.

되면 큰 닭을 바치게 한다. 이를 순종하지 않는 자가 있으면 매질을 하고 독촉하는 등 못하는 짓이 없었다. 또 사람을 시켜 무수한 쇠못을 가지고 상류에 보내어 사람들이 나무를 잘라서 산골짜기에 이리저리 해놓은 것이 있으면, 몰래 못을 나무에 박아두었다가 벌목한 것이 남강(南江)으로 흘러내려 오면 "이것들은 모두 내 나무다" 했다. 본래 주인과 서로 승강이하다가 "네 나무에 무슨 표가 있느냐. 내 나무에는 모두 못이 박혀 있다" 하여 그 벌목을 보면 과연 그러하므로 주인은 항의할 말이 없었다. 이런 것으로 빼앗은 것이 셀 수 없이 많았다.

조정에서는 여름이 되면 얼음을 재추(宰樞)에게 나누어주는 것이 관례로 되어 있었는데, 종의 무리가 없으면 재추로서도 얼음을 얻지 못하는 이가 많았다. 석주는 일일이 찾아가서 이를 달라고 하여 저자에서 팔아 이익을 보았다.

전라수사(全羅水使)가 되었을 때 군졸을 거느리고 섬에 들어가서 두루 밭을 일구어 깨·면화 등을 심었다가 만기가 되어 돌아갈 때는 배에다 깨·면화 등을 가득 싣고 왔다. 이런 까닭으로 돈 꾸러미가 거만(巨萬)이요, 저장한 곡식이 국고(國庫)와 같았다. 조정에서 난신(亂臣)의 처첩을 공신의 집에 노비로 주었는데, 석주는 자색이 있는 자를 구해 첩으로 삼고 밤낮으로 마음껏 마시며 지내더니, 나중에 반역해 목을 베였다.

어우동(於于同)

어우동(於于同)은 지승문(知承文) 박 선생의 딸이다. 그의 집은 돈이 많았다. 그녀는 자색이 있었으나, 성품이 방탕하고 바르지 못했다. 종실(宗室) 태강수(泰江守)의 아내가 된 뒤에도 태강이 막지 못했다. 어느 날 나이 젊고 훤칠한 장인을 불러 은그릇을 만들었다. 여자는 이를 기뻐해 매양 남편이 나가고 나면 계집종의 옷을 입고 장인 옆에 앉아서 그릇 만드는 정묘한 솜씨를 칭찬했다. 드디어 내실로 끌어들여 날마다 마음대로 음탕한 짓을 하다가, 남편이 돌아오면 몰래 숨기곤 했다. 그의 남편은 자세한 사정을 알고 마침내 어우동을 내쫓아버렸다. 그 여자는 이로부터 방자한 행동을 거리낌 없이 했다.

그의 계집종 역시 예뻐서 저녁이면 옷단장하고 거리에 나가서 예쁜 소년을 끌어들여 여주인의 방에 들여놓아 주고, 저는 또 다른 소년을 끌어들여 함께 자기를 매일처럼 했다. 꽃피고 달 밝은 저녁엔 정욕을 참지 못해 둘이서 도시로 돌아다니다가 사람에게 끌리게 되면, 제 집에서는 어디 갔는지도 몰랐으며 새벽이 되어야 돌아왔다. 길가에 집을 얻어서 오가는 사람을 점찍었는데, 계집종이 말하기를 "모(某)는 나이가 젊고, 모는 코가 커서 주인께 바칠 만합니다" 하면 그는 또 말하기를 "모는 내가 맡고 모는 네게 주리라" 하며 실없는 말로 희롱해 지껄이지 않는 날이 없었다.

그는 또 방산수(方山守)와 더불어 사통했다. 방산은 나이 젊고 호탕해 시를 지을 줄 알므로, 그녀가 이를 사랑해 자기 집에 맞아들여 부부처럼 지냈다. 하루는 방산이 그녀의 집에 가니 그녀는 마침 봄놀이를 나가고 돌아오지 않았다. 다만 소매 붉은 적삼만이 벽 위에 걸렸기에, 그는 시를 지어 쓰기를 "물시계는 또옥또옥 야기(夜氣)가 맑은데, 흰 구름 높은 달빛이 분명하도다. 한가로운 방은 조용한데 향기가 남아 있어, 이런 듯 꿈속의 정을 그리겠구나" 했다.

그 외에 조관(朝官), 유생(儒生)으로서 나이 젊고 무뢰한 자를 맞아 음행하지 않음이 없으니, 조정에서 이를 알고 국문해, 혹은 고문을 받고, 혹은 폄직(貶職)되고, 먼 곳으로 귀양 간 사람이 수십 명이었다. 죄상이 드러나지 않아서 면한 자들 또한 많았다. 의금부에서 그녀의 죄를 아뢰어 재추(宰樞)에게 명해 의논하게 하니, 모두 말하기를 "법으로 죽일 수는 없고 먼 곳으로 귀양 보냄이 합당하다" 했다. 그러나 임금이 풍속을 바로잡자 하여 형(刑)에 처하게 했다. 옥에서 나오자 계집종이 수레에 올라와 허리를 껴안고 하는 말이 "주인께서는 넋을 잃지 마소서. 이런 일이 없을 것 같으면 어찌 다시 이 일보다 더 큰일이 있을 줄 알아요" 하니, 듣는 사람들이 모두 웃었다. 여자가 행실이 더러워 풍속을 더럽혔으나 양가의 딸로 극형을 받게 되기에 길에서 눈물을 흘리는 사람도 있었다.

윤통(尹統)의 속임수

사문(斯文) 윤통(尹統)은 익살맞고 농담을 좋아해 항상 사람을 속이기를 일삼았다. 집이 영남(嶺南)에 있어 매양 고을을 돌아다니다가 한 읍에 이르러 기생과 함께 방에 앉아 있었다. 한 아전이 왕래하면서 여러 번 기생을 쳐다보자, 선생은 다른 뜻이 있는 줄 알고 밤중에 자는 척하고 코를 고니, 기생은 그가 깊이 잠든 줄 알고 몸을 빼어 나갔다. 선생이 몰래 그 뒤를 따라가니 아전이 마침 창밖에 와 있다가 기생의 손을 잡고 가는데, 기생이 "달빛이 물빛처럼 밝고 방에 사람도 없으니, 우리 춤이나 춥시다" 하고 맞서서 너풀거리며 춤을 추었다. 선생은 다른 아전이 처마 밑에서 누워 자는 것을 보고 옆에 놓인 밀짚모자를 집어 쓰고 가서 그들이 춤추는 옆에서 춤을 추니, 아전이 "두 사람이 즐기는데 너는 도대체 누구인가" 했다. 선생은 "나는 동쪽 윗방에 있는 손님인데 두 사람이 춤추는 것을 보고 부러워서 이처럼 두 분의 즐거움을 도울 뿐이다" 하니 아전이 황공해 사죄했다. 선생이 "너는 관중(官中)에서 무슨 물건을 관장하는고" 하니, 아전은 "공방(工房)[295]으로서 피물을 주관하나이다" 했다. 선생이 "피물이 몇 장이나 있는고" 하니 아전은 "사슴 가죽 일곱 장과 여우 가죽 수십 장이 있습니다" 했다. 선생이 "내가 관사(官司)를 만나보고 피물을 구할 테니, 너는 그 숫자를 숨기지 말고 모두 내놓아라. 그렇지 아니하면 지금의 이 일을 모두 말하겠다" 하니 아전이 "그렇게 하겠습니다" 하고 물러갔다. 이튿날 주관(主官)과 더불어 청(廳)에 앉아 말하기를 "신을 만들려 해도 사슴 가죽이 없고 갖옷을 만들려 해도 여우 가죽이 없으니 좀 찾아보시오" 하니 주관이 "그대는 어디에서 들었는고. 있기는 하나 그 수가 적을 것이외다" 하고 아전에게 명해 내오게 하니, 모두 내다놓기에 선생은 다 가지고 돌아가 버렸다.

또 한 주(州)에 이르러 객사에 있었다. 어떤 기생이 흰옷을 입고 배회하며 왕래했는데 얼굴이 자못 예뻤다. 물어보았더니 어미의 상(喪)을 당한 기생이라 했다. 선생은 종이 한 권을 얻어 가지고 의롱(衣籠)에다 끼어 창밖에 두고는 창을 닫고 앉았다가, 기생이 오는 것을 보고 "주(州),

---

295) 공방 : 각 고을에는 중앙의 육조(六曹)를 본받아 육방(六房)이 있다. 즉 이방(吏房) · 호방(戶房) · 예방(禮房) · 병방(兵房) · 형방(刑房) · 공방(工房)이 있었다. 방(房)이란 말은 본래는 직소(職所) 또는 직사(職事)를 가리키는 말이나 보통 그 직무를 맡은 아전을 지칭하는 말로 쓰인다.

군(郡)을 순력해도 좋은 물건이라곤 구하지 못하고 겨우 종이 한 궤짝을 구했으나, 말이 약해서 짐이 무거우니 어떻게 가져갔으면 좋을까" 했다. 종이 그 뜻을 넌지시 동료에게 말하기를 "우리 상전은 기생을 사랑하면 물건을 구해 반드시 내주시는데, 이 종이를 누구에게 주려고 하는 것인지 모르겠다" 했다. 기생은 당장 초상을 치르기는 해야겠는데 종이는 없고, 이 말을 듣고 보니 매우 마음이 당겨 밤중에 선생의 방으로 들어갔다. 들어온 기생이 오래 머물러 가지 아니하자 선생은 애초에 거짓말로써 꾀었으니 사실은 줄 물건이 없으므로, 큰 소리를 질러 "상을 당한 여자가 내 방에 들어왔다" 하니 기생은 부끄러워 도망쳐 버렸다.

선생은 또 아저씨와 함께 서울에 내왕했는데, 아저씨의 말은 검은빛에 이마가 희고 선생의 말은 온통 검은빛이었다. 아저씨는 매일 밤마다 선생의 말은 기둥에 매어두고 자기 말만 먹이므로 선생은 그 까닭을 알고 백지를 검은 말 이마에 붙이고 검은 종이를 이마가 흰 말에 붙여두니, 어두운 밤에 그 진위를 분별하지 못해 아저씨는 반대로 자기 말을 기둥에 매어놓고 선생의 말만 먹여서 아저씨의 말은 비루먹고 피어나지 않았다. 그런 뒤에 비로소 속은 줄을 알았다.

또 선생은 집이 없음을 걱정하던 끝에, 연화(緣化)[296]를 좋아하는 중과 사귀어 친하게 되었다. 하루는 선생이 중에게 "내가 절을 한 채 지어 세상에서 지은 악업을 씻어 볼까 하오" 했다. 중은 흔연히 이 말을 좇아 "그대가 전세에 보살이었던 까닭으로 이러한 맹세와 소원을 발할 따름이다" 했다. 선생은 "계림(鷄林)[297]에 옛 절터가 있는데, 산에 의지하고 물을 베개 삼아 참으로 경치 좋은 곳이라 절을 지을 만하오" 하고 권문(勸文)[298]을 써주니 중은 성심껏 물건을 장만하고 선생도 역시 힘을 도와 재목을 갖추어 터를 닦고 집을 세웠다. 그 규모는 절의 제도와 조금 달라서 온돌이 많고 또 문 앞 황무지를 개간해 채소 심을 밭을 만들었다. 단청을 하고 불상을 모신 뒤에 중이 경사스러운 일을 찬양하기 위해 법연(法莚)[299]을 열어 마침내 낙성했다. 선생이 "내 아내가 와서 부처를 참배하려 하오"

296) 연화 : 불사(佛事)를 경영해 시연(施緣)을 구하고 사업을 설계하는 것이다.

297) 계림 : 지금의 경주를 말한다.

298) 권문 : 권선문(勸善文)과 같다. 권선문은 권선(勸善)하는 글이다. 권선은 절을 짓거나 불사를 하기 위해 선심(善心) 있는 사람에게 보시(布施)를 청하는 것이다.

299) 법연 : 설법(說法)을 위한 모임을 말한다.

하니 중이 이를 허락했다. 선생이 그의 아내와 함께 가족과 종들을 거느리고 절에 와 있다가, 병을 핑계하고 수일을 머무른 후 화물(貨物)을 모두 옮기어 거주하니 중의 무리가 들어올 수 없었다. 관(官)에 소송했으나 관에서 역시 오래 끌면서 듣지 않자 결국 선생의 집이 되었는데, 집안에 아무런 병도 없이 80세가 되도록 살다가 죽었다.

목 서방 거안(睦書房擧案)

대개 잔치에 음식을 차리는 것은 처음 거안(擧案)[300]할 때가 볼만하다. 그러므로 모든 일에 있어서의 차림차림을 '거안'이라 한다. 목생(睦生)이란 사람이 있었다. 처음으로 충순위(忠順衛)[301]에 들어갔을 때다. 하루는 그 무리가 모여서 활을 쏘았는데, 그가 늦게 도착했다. 그는 차림새가 깨끗하고, 갖고 있는 활과 살은 모두 정묘했다. 주위 사람이 모두 "목생은 우리 편에 들어라" 하며 다투어 마지않았다. 활터에 나아가자 시위를 당기기도 전에 화살이 앞에 떨어지곤 했다. 종일 쏘아도 과녁에 미치지 못했다. 사람들은 모두 실망해 "목 서방 거안(睦書房擧案)"이라 했다. 지금까지도 허황하고 과장스러워 실속이 없는 사람을 '목 서방 거안'이라 한다.

---

300) 거안 : 거안은 '밥상을 든다'는 뜻이나. 전의되어 '일의 시작'을 뜻하기도 한다.

301) 충순위 : 충무위(忠武衛)에 소속된 군대의 한 편제(編制)다.

용재총화 권6(慵齋叢話 卷之六)

지불배(池佛陪)의 인색함

고려 재신(宰臣) 지불배(池佛陪)는 살림을 늘리는 일에만 경영했다. 설날과 한식 날마다 묘지에 사람을 보내어 지전(紙錢)[302]을 주워오게 하여 도로 종이를 만들었다. 또 버린 짚신을 주워서 땅에 묻고 동아 씨를 심었는데 동아가 매우 잘되어 많은 이익을 얻었다. 도성 문밖에서 친구를 전송하는 잔치에 딴 사람들은 모두 주찬을 가지고 와서 늘어놓는데, 지만은 아무것도 가져오지 않고 단지 소매 속에 작은 술잔을 감추어 갔다. 떠나는 친구에게 술잔을 올릴 때 남의 술을 얻어서 올리고, 물러나와 남의 반상 앞에 엎드려 "나의 음식은 변변치 않아서 드실 수 있는 것이 없습니다" 했다.

또 남의 재(齋)[303]를 먹으러 가는데 부조로 쌀 한 말을

---

302) 지전 : 종이를 돈 모양으로 끊은 것이다. 옛날에는 사람을 장사할 때 또는 한식이나 설날 아침 같은 명절에는 무덤가에서 지전을 불사르는 풍속이 있었다. 여기에서는 아마 불사르고 남은 종잇조각들을 말하는 것 같다.

303) 재 : 죽은 사람의 명복을 빌기 위해 거행하는 불사(佛事)다. 재에 쓴 음식을 나누어 먹는 것을 '재(齋) 먹는다'고 한다.

가지고 가면서 하인은 10명이나 데리고 가 절에서 포식했다. 돌아올 때는 언제나 반쯤 와서 하인들에게서 수저 한 개씩을 거두는데 하인 한 사람이 우물우물하며 내놓지 않아 그 까닭을 물으니, 하인이 사죄해 말하기를 "쇤네는 수저를 얻지 못하고 바리때를 훔쳤습니다" 했다. 지는 웃으며 "바리때야말로 내가 욕심내던 것이었다" 했다.

처녀의 음란한 시

옛날에 한 처녀가 있었는데 중매하는 사람이 많았다. 어떤 이는 문장에 능하다 하고, 어떤 이는 활쏘기와 말 달리기를 잘한다 하고, 어떤 이는 못가에 좋은 밭 수십 이랑이 있다 하고, 어떤 이는 양기가 왕성해 돌 든 주머니를 거기에 매달고 휘두르면 머리를 넘긴다 했다. 처녀가 시를 지어 그 뜻을 보이며 말하기를 "문장이 활발함은 노고가 많고, 활쏘기와 말 달리는 재능은 싸워서 죽을 것이요, 못 아래 밭이 있는 것은 물로 손해를 볼 것이니, 돌 든 주머니를 휘둘러 머리 위로 넘기는 것이 내 마음에 들도다" 했다.

세 유생(儒生)의 꿈과 해몽

옛날에 유생 세 사람이 시장(試場)으로 나아가려 할 때, 한 사람은 거울이 땅에 떨어지는 꿈을 꾸었고, 한 사람은 허수아비[304]가 문 위에 걸린 꿈을 꾸었으며, 또 한 사람은 바람이 불어 꽃이 떨어지는 꿈을 꾸었다. 모두 해몽하는 사람의 집으로 갔는데, 해몽하는 사람은 없고 그의 아들이 혼자 있었다. 세 사람이 나아가 물으니 아들이 말하기를 "모두 상서롭지 못한 것이니, 소원을 이루지 못할 것이다" 했다. 조금 있다가 해몽하는 사람이 와서 아들을 꾸짖고 시를 지어주면서 말하기를 "허수아비는 사람들이 우러러보는 바요, 거울이 떨어지면 어찌 소리가 없겠는가. 꽃이 떨어지면 응당 열매가 있을 것이니 세 분이 함께 이름을 이루리라" 했다. 세 사람이 과연 모두 과거에 급제했다.

---

304) 허수아비 : 원문에는 애부(艾夫)로 기록되어 있는데, 쑥으로 만든 인형을 말한다. 단오 때 문 위에 걸어두면 사기(邪氣)를 물리친다고 한다.

키다리 스님 원심(遠心)

국초(國初)에 원심(遠心)이란 스님이 있었다. 키가 커서 길을 가면, 우뚝 여러 사람들 사이에서 솟아나왔으며, 손으로 장랑(長廊)에 걸린 현판을 만질 수 있을 정도였다. 또 사람됨이 익살스럽고 사심도 욕심도 없었다. 사는 곳이 일정하지 않았으며 그가 사는 지경 밖을 나가지 않았다. 밤에 담 밑에 의지한 채 밤을 새는 일도 있었다. 병이 나서 시장 가운데 드러누우면, 시장 사람들이 다투어 와서 밥을 주었다. 공후(公侯), 재추(宰樞) 집에서 합(盒)을 가지고 와서 먹을 것을 보내는 사람도 이루 헤아릴 수 없었다.

나라에 수해나 가뭄이나 요사한 재해가 있으면, 제자를 모아 정성껏 기도를 드리었는데 혹 응답하는 바도 있었다. 천금을 받더라도 기뻐하지 아니하고, 백물을 잃더라도 성내지 아니했다. 사람이 주면 남녀의 의복을 가리지 않고 모두 몸에 걸쳤다가 사람이 혹 달라고 하면 모두 벗어주었다. 옷이 있으면 앞을 가리고, 옷이 없으면 맨몸이었다. 혹 풀을 엮어 옷을 삼고도 부끄러워하지 아니하고, 비단 옷을 입어도 영화롭게 여기지 않았다. 남에게서 받은 물건이 한이 없으며, 남에게 준 것 또한 셀 수 없었다.

공경(公卿)을 보아도 반드시 공경하지는 않았다. 어리석은 아녀자들과도 서로 말을 나누었다. 시체를 보면 짊어지고 가서 묻어주었다. 하루는 구렁 속에 있는 시체를 보고 통곡해 몹시 슬퍼하고 일으켜 업었더니 시체가 등에 붙어서 3일 동안이나 떨어지지 아니했다. 그 제자들이 부처에게 기도해 겨우 면했는데 이후로는 시체를 업지 않았다.

일찍이 제자들에게 말하기를 "내가 뼈를 불에 태워 화신(化身)하고자 한다" 했다. 그 무리가 땔나무를 쌓아 대(臺)를 만들었는데, 원심이 그 위에 앉았다. 화광(火光)이 점점 다가오는 것을 보고, 괴로움을 참지 못해 몰래 연기를 따라 빠져나와 방장(方丈)에 돌아와 있었다. 그 무리가 스승이 이미 죽었다고 생각해 울면서 절에 돌아왔다. 원심이 의젓하게 선실(禪室)에 앉아 있는 것을 보고 절을 하고 연고를 물었다. 원심이 말하기를 "내가 서천(西天)으로부터 왔다. 사대(四大)305)는 이미 화해서 사라졌으나, 법신(法身)306)은 상주해 멸하지 않는다" 하고는 손뼉을 치면서 크게 웃었다.

---

305) 사대 : 불가(佛家)에서 지(地) · 수(水) · 화(火) · 풍(風)을 말한다. 즉 몸을 말한다.

306) 법신 : 법계의 이(理)와 일치하는 부처의 진신(眞身). 현실로 인간세계에 출현한 부처님 이상으로 영원한 부처의 본체를 말한다.

닭중(鷄僧)

어떤 스님이 있었는데 몸이 작고 한쪽 발을 좀 절었다. 항상 장안에 살면서 날마다 성중을 두루 돌아다니며, 주문(朱門)307) · 귀댁(貴宅)을 찾아다니지 않는 곳이 없었다. 항상 손뼉을 쳐서 닭의 날개 치는 시늉을 하며 입을 움츠리고 소리를 내어 혹 수탉이 우는 소리를 하고, 혹 두 닭이 서로 싸우는 소리를 하며, 혹은 닭이 알을 낳는 소리를 해, 그 흉내 내는 소리와 모양이 그럴듯하지 않은 것이 없었다. 혹 촌닭이 응해 우는 것이 있으면 또 노래를 지어 몸을 흔들며 부르짖기를 "이 인생에게는 한 간 초가라도 마음에 즐겁고 이 인생에게는 옷이 해어져 백 번 기워 입어도 또한 싫지 않도다. 염라대왕의 사자가 잡으러 오면 아무리 세상에 살고자 한들 어찌할 수 없으리라" 하고 또 말하기를 "관음제석(觀音帝釋)이여, 제석관음(帝釋觀音)이여, 이 몸이 만약 죽으면 완전히 지옥에 떨어지리라" 하니 그 노래가 이와 닮은 것이 많았다. 곡조가 농가(農歌)와 비슷해 수많은 아이들이 떼를 지어 따라다니니 중이 항상 말하

---

307) 주문 : '붉은 대문'이란 뜻으로 곧 부잣집을 말한다.

기를 "내 하인배가 많은 것은 삼공(三公)이라 할지라도 미치지 못하리라" 했다. 하루의 소득이 곡식 담석(儋石)[308]에 이르러 이것을 의식으로 삼으니, 그때의 사람들이 닭중(鷄僧)이라 했다.

308) 담석 : 한두 섬의 곡식이라는 뜻으로, 얼마 되지 않는 곡식을 이르는 말. 얼마 되지 않는 분량을 비유적으로 이르는 말.

신수(信修) 스님의 기행(奇行)

신수(信修)라고 하는 중이 있었는데 파주의 우리 마을에서 생장했다. 낙수(洛水) 남쪽에 초가를 짓고 살았다. 성품이 방탕하고 익살맞아서 말만 하면 포복절도하지 않는 사람이 없었다. 또 재물을 아끼고 물건을 사랑함이 없어서 가산(家産)과 전지(田地)를 모두 여러 조카에게 나누어주고, 자신은 경작하는 일이 없었다. 그러고도 여름에 항상 흰 밥을 먹었다.

중은 늙어서 얼굴이 가면 같았는데, 머리를 흔들고 눈을 굴리며 십육나한(十六羅漢)[309]의 형상을 하되, 하나하나가 모두 달랐다. 또 사람의 행동거지를 보면 문득 그 모양을 시늉했다. 비록 벼슬이 높은 관료라도, 본래 알지 못하는 사람인데 한 번 보면 구면인 것같이 하여 이름을 불러 서로 너나들이했다.

절 앞에 사는 늙은이에게 젊은 아내가 있어 중이 그 여자와 상통했다. 늙은이가 집안이 어려워서 중의 덕을 입

309) 십육나한 : 세간에 있으면서 교법(敎法)을 수호하려고 서원한 열여섯 명의 불제자.

고자 하여 아내를 거느리고 절 안에 와서 더불어 살았다. 중도 늙은이를 사랑해 의식(衣食)을 많이 주었다. 세 사람이 한 이불을 덮고 함께 자되 서로 시기하지 아니해 사내아이 하나와 계집애 하나를 낳았다. 중은 "노인의 자식이다" 하고 "노인은 화상(和尙)[310]의 자식이다" 했다. 중이 절에 있을 때면 노인은 산에 가서 나무하고 밭에서 소채를 가꾸었으며, 중이 만약 길을 떠나면 노인이 짐을 지고 그의 종이 되곤 했다. 절에서 산 지 몇 해 만에 아내가 죽었는데, 오히려 중을 따라 살았으니 그 정의(情誼)가 형제와 같았다. 노인이 죽으니 중이 업고 가서 장사를 지내주었다.

중이 술 마시기를 좋아해 천종백합(千鍾百盒)[311]을 고래가 물 마시듯 하니, 사람들이 혹 속여서 쇠오줌이나 흙탕물 같은 것을 갖다 주기까지 해도 한 번에 쾌히 마시고 나선 "이 술은 아주 쓰다" 했다. 또 밥을 잘 먹어 마른밥이나 단단한 떡이라도 조금도 사양하지 않고 잠깐 동안에 먹어버렸다. 여러 사람이 모인 가운데서도 드러내 놓고 어

310) 화상 : 덕이 높은 스님을 가리키는 말이다.

311) 천종백합 : '천 잔 백 사발'이란 뜻으로 수없이 많이 마신다는 뜻으로 쓰인다. 곧 주량이 많음을 말한다.

육(魚肉)을 먹었다. 사람들이 보고 비웃으면 "이것은 흙이다. 내가 죽인 것이 아니니 먹어도 무슨 상관이 있겠느냐" 했다.

경인(庚寅) 연간에 내가 파주에 있을 때 중이 항상 왕래했는데, 나이가 70을 넘었어도 기운은 오히려 정정했다. 혹 어떤 사람이 "무슨 까닭으로 아내를 대하고 고기를 먹느냐"고 물으면 중은 말하기를 "이 세상 사람은 망령되이 사념을 일으켜서 이욕(利慾)으로 서로 싸운다. 혹은 마음속에 포악함을 감추고, 혹은 번뇌에서 벗어나지 못한다. 저 출가했다고 이름하는 자들도 또한 이와 같다. 고기 굽는 냄새를 맡고서도 억지로 흐르는 침을 거둬들이면서 생각 없는 체하고, 아름다운 여인을 보고도 음란한 마음을 애써 바로잡는다. 나는 이들과는 다르다. 맛있는 물건이 있으면 곧 먹고, 색(色)을 보면 곧 취한다. 물이 아래로 쏟고, 흙이 구덩이를 메우듯이 물(物)과 더불어 무심하고, 털끝만큼의 사(私)도 없다. 내가 내세에 여래가 되지 못하면 반드시 나한이 될 것이다. 세상 사람들이 제 재물을 아껴서 축적하기를 힘쓰나, 이 몸이 한 번 죽으면 곧 다른 사람의 것이 될 것이니, 생전에 음식 먹고 행락함만 같지 못하다. 대개 남의 자식이 되어 아비를 섬김에 있어서 모름지기 큰 떡을 만들고 맑은 꿀 한 되와 빚은 술과 썰어놓은 고기로 아침저녁으로 공궤(供饋)할지니 죽은 뒤에 마른 물건과 마른 과일, 남은 술잔과 차가워진 불고기를 관 앞에 놓고 울며 제사 지낸들 죽은 사람이 이를 먹겠느냐. 자네는 미처 이렇게 어버이를 섬기지 못했을지라도, 자네 자식에게는 이와 같이 하여 자네를 섬기도록 함이 좋을 것이다" 했다.

때로는 밥을 앞에다 놓고 방울을 흔들어 경을 외면서 스스로 초혼(招魂)[312]하기를 "신수여, 신수여. 죽어서 정토(淨土)[313]에 태어나라. 살아서는 비록 미친 짓 했으나 죽어선 마땅히 진실해라" 하고 곧 소리 내어 크게 울었는데 그 소리가 매우 처량했다. 그 후 손뼉을 치며 크게 웃고는 바랑을 메고 사라져버렸다. 일찍이 주인에게 떠난다고 한 적이 없었다.

---

312) 초혼 : 사람이 죽은 뒤 그 사람이 살았을 때 입던 옷을 휘두르며 그 사람의 이름을 부르며 '복(復) 복(復) 복(復)'하고 세 번 부르는 의식이다. 나간 혼(魂)이 다시 돌아오라는 뜻이라고 한다.

313) 정토 : 부처가 사는 청정한 국토. 극락정토(極樂淨土)라고도 한다.

박생(朴生)의 호색과 낭패

우리 이웃에 박가(朴家) 성을 가진 유생이 유가(柳家)의 사위가 되어 우거했다. 항상 두 종년을 사랑했으나 사람들은 이 사실을 알지 못했다. 어느 날 한밤중에 종년의 방에 들어가는 것을 집안에 있는 어린 마부가 보았다. 담을 뚫고 들어와 재물을 훔치는 도둑이라 의심해 "도둑이 아무 방에 들었다" 하고 일러바쳤다. 장인이 크게 노해 나오니 사방의 이웃이 이를 보고 다투어 활과 몽둥이를 가지고 잠깐 사이에 구름과 같이 모여들었다. 사위가 문을 밀어보니 바깥으로 자물쇠를 채워놓았고, 발로 벽을 박찼으나 단단해 깨뜨릴 수가 없었다. 나가려 했으나 나갈 수 없고 손발이 모두 상하고 땀이 온몸에 흘렀다. 창틈으로 내다보니 불빛 속에 본래부터 아는 이웃 사람이 서 있으므로, 사위는 몰래 불러서 구해줄 것을 애걸했으나 시끄러워서 듣지 못했다. 문득 그 소리를 듣고 그가 사위임을 알고 말하기를 "도둑은 큰 도둑이 아니니 잡을 필요가 없다" 했다. 이때 장인도 웃으며 들어가고 이웃 사람들도 또한 흩어졌다. 사위는 매우 부끄러워해 몇 달 동안 문밖으로 나오지 못했다.

최세원(崔勢遠) 형제의 해학

사문 최세원(崔勢遠)은 익살맞고 말주변이 좋았다. 항상 매 한 마리를 길렀는데. 꿩을 잘 잡지 않아서 아침저녁으로 닭을 잡아 먹였다. 매가 배불리 먹고는 구름 속으로 날아가 버렸다. 최세원이 불러보았으나 돌아오지 않으므로, 이웃 사람들에게 소리를 질러 말하기를 "이것 좀 보소, 이것 좀 보소. 닭 도둑이 달아납니다" 했다.

그의 동생 최윤(崔奫) 또한 말을 잘했는데, 소갈질(消渴疾)[314]에 걸려 오미자탕(五味子湯)을 즐겨 마시었다. 이로 말미암아 이가 모두 빠졌으나 정신은 쇠하지 아니했다. 만년에 한 고을을 맡고자 하므로, 이웃 친구가 말하기를 "이가 없어 어찌하겠느냐" 했다. 최윤은 말하기를 "나에게 잣이나 개암을 이로 깨라 하면 못 하겠거니와, 조정에서 이로 고을을 다스리게 하겠는가" 했다. 사람들이 모두 포복절도했다.

314) 소갈질 : 당뇨병을 말한다.

홍녀(洪女)에 반한 서거정(徐居正)

화사(畵史)[315] 홍천기(洪天起)는 여자인데 얼굴이 한 때의 절색이었다. 마침 일을 저질러 헌부(憲府)에 나아가 추국을 받았다. 달성(達城) 서거정(徐居正)이 젊었을 적에 여러 연소한 패들과 같이 활을 쏘고 술을 마시다가 또한 잡혀와 있었다. 서달성은 홍녀(洪女)의 옆에 앉아서 눈을 주어 잠시도 돌리지 않았다. 이때 상공(相公) 남지(南智)가 대헌(大憲)이었는데, 보다 못해 말하기를 "유생이 무슨 죄가 있는가. 속히 놓아주어라" 했다. 서달성은 나와서 친구들에게 말하기를 "어찌 공사(公事)가 이처럼 빠르냐. 공사는 마땅히 범인의 말을 묻고 또 고사(考辭)[316]를 받아서, 곡직(曲直)을 분별한 뒤에 천천히 하는 것이거늘, 어찌 이렇게 급하게 하는가" 했다. 이것은 홍녀의 옆에 오래 있지 못한 것을 한탄해서 한 말이었다. 친구들이 듣고 모두 웃어 마지않았다.

---

315) 화사 : 도화서(圖畵署)의 종6품을 말한다.

316) 고사 : 고소장을 말한다.

이차공(李次公)의 재담

이차공(李次公)은 우스개를 잘해 잠깐 동안도 말을 그치지 않았다. 좌랑(佐郞) 신건(辛鍵)이 유장(儒將)에 뽑혀 임금 앞에서 기사(騎射)[317]하게 되었는데, 화살이 잘못되어 그의 발에 맞아 피가 신 바닥에 흘렀다. 이차공이 말하기를 "일등 재주로다. 오발오중(吾發誤中)을 했구나"[318] 했다. 속어에 족(足)을 발이라 하고 기사에서 오발오중(五發五中)을 상(上)으로 삼았으므로 이렇게 말한 것이다.

영릉(英陵)[319]의 사토(砂土)가 허물어졌다. 김은경(金殷卿)이 예조참판이 되어 영의정과 재추(宰樞)로 하여금 여주(驪州)에 가서 사토를 보살폈다. 돌아오는 길에 김은경이 형조참판으로 승진했다. 재추가 배 안에서 술자리를 마련하고 축하했다. 김은경이 마침 이질 기미가 있어 갑자기 설사를 하여 온 자리에 배설물이 가득 찼다. 이차공이 이 말을 듣고 "이것은 진(秦)나라 목공(穆公)이 패왕(覇

---

317) 기사 : 말을 달리며 활을 쏘는 일.

318) 오발오중 : 오발오중(五發五中)의 음만 빌려 비꼬아 쓴 것이다. '내 발에 잘못 맞았구나'라는 뜻이다.

319) 영릉 : 세종대왕의 능을 말한다.

王)이 된 때와 같다" 했다. 사람들이 그 까닭을 물으니, 이차공은 말하기를 "목공이 강을 건너고는 배를 불살라 버리지 않았소(濟河焚舟)[320]" 했다. 분(焚)과 분(糞)의 음은 같다.

한 벼슬아치가 향실(香室)[321]에 앉아서 장기를 두는데, 마(馬)와 장(將)이 없었다. 단향(檀香) 조각으로 마를 삼고, 사기 조각으로 장을 삼았다. 저쪽 마가 마침 이쪽 장궁(將宮)에 들어오므로, 장이 나아가 이를 쳤다. 이차공이 이를 보고 말하기를 "이것은 전옥사장(典獄沙將)[322]이 도둑의 향군(鄕君)[323]을 사로잡은 것이다" 했다. 그가 한 말이 흔히 이와 같았다.

---

320) 제하분주(濟河焚舟) : 진(秦)나라 목공이 진(晋)나라를 칠 때 퇴로를 방어해서, 군사들로 하여금 싸움에 진력하게 하려고 타고 온 배를 불 지른 고사다. 여기서는 분(焚)과 분(糞)의 음이 같으므로 강을 건너다가 배 안에서 똥을 쌌다는 것을 이렇게 빗대어 표현한 것이다.

321) 향실 : 제사에 쓰는 제문(祭文)에 관한 사무를 맡아보는 곳.

322) 전옥사장 : 전옥서(典獄署)의 옥사장이란 뜻이다. 여기에서는 사기 조각으로 장(將)을 삼았으므로 그것을 사장(沙將), 즉 사기 조각의 장이라는 뜻으로 옥사장의 이름을 끌어다 쓴 것이다.

323) 향군 : 부인의 봉작의 호. 여기에서는 단향 조각으로 마를 삼았는데 그것이 궁에 들어갔으므로 향군이라고 말한 것이다.

신 모(辛某)의 비루함

조사(朝士) 가운데 신(辛)이란 성을 가진 사람이 있었다. 성품이 부탄(浮誕)324)해 항상 부자임을 자랑하고자 했다. 하루는 쌀 한 주먹을 가지고 문밖에 뿌린 뒤, 손님을 맞아들이면서 당을 내려다보고 종을 꾸짖기를 "어찌 하늘에서 내린 물건을 마구 버리느냐. 그저께 충청도 사람이 쌀 이백 곡을 보내왔고, 지금 전라도 사람이 삼백 곡을 보내왔다고 이와 같이 어지럽혔단 말이냐" 했다.

또 희첩(姬妾)의 아름다움을 자랑하고자 하여 항상 지분(脂粉)을 뿌려 방 벽에 바르고, 손님을 맞아들일 때 종을 꾸짖기를 "어째서 벽을 더럽혔느냐. 아무 기생이 이 방에 와서 자더니, 이것은 새벽에 화장할 때 낯 씻으며 한 짓이구나" 했다.

또 헝겊 조각을 종에게 주었다가 손님이 와서 대청에 앉았을 때 종이 뜰아래 꿇어앉아 말하기를 "아무 아가씨 비단신에 수놓은 것을 화아(花兒)에게 쓰오리까, 운아(雲兒)에게 쓰오리까" 하면 선비는 말하기를 "대운아(大雲兒)

---

324) 부탄 : 말이나 하는 짓이 들뜨고 추잡해 허황함을 말한다.

에게 쓰는 것이 좋을 것이다" 했다. 이들은 모두 한때의 명기(名妓)였다.

또 사귀는 벗들을 자랑하고자 미리 권세 있는 재추(宰樞)의 명함을 써서 종에게 주고는 손님이 와서 앉았을 때 종이 명함을 가지고 와서 바치면 선비는 그것을 옆에 놓고 일부러 오래 보지 않는다. 손님이 이것을 집어보고 노상(盧相)의 이름이어서 놀라 달아나려 하면, 신은 말리면서 말하기를 "노상은 나의 친한 친구이니 움직이지 마라" 했다. 조금 있다가 종이 "노상이 그냥 돌아갔습니다" 했다. 선비는 웃으면서 말하기를 "내가 오래 이 사람을 보지 못해서 지금 보고자 했는데 어찌 그리 급하게도 갔느냐" 했다. 이런 줄을 아는 사람은 모두 그 비루함을 비웃었다.

용재총화 권7(慵齋叢話 卷之七)

임숙(任淑)과 이유한(李維翰)의 실수

첨지(僉知) 임숙(任淑)이 건원릉(健元陵)의 분향사(焚香使)가 되고, 이유한(李維翰)은 대축(大祝)이었다. 첨지 이장손(李長孫)은 현릉(顯陵)의 향사(香使)[325]가 되고 강참(姜參)이 대축이었다. 함께 재실(齋室)에 유숙했다.

이유한은 남에게 자세히 묻지 아니해, 이장손을 임숙으로 잘못 알고 이장손의 이름을 축판에 써놓았다. 임숙이 술잔을 올리고 조금 물러나서 엎드려 꿇어앉을 때 이유한이 이장손의 이름을 읽었다. 임숙은 신좌(神座) 앞에서 높은 소리로 "이장손이 아니라 임숙입니다"라고 했다. 제사를 마치고 나오면서 "강유한이 일을 그르쳐 크게 실수했으니 저 이참(李參)은 어떻게 읽을 것인가" 했다. 대체르 이유한도 임숙을 잘못 알았거니와 임숙 또한 두 사람의 성(姓)을 바꿔 말한 것이다.

---

325) 향사 : 분향관(焚香官)을 말한다.

이순몽(李順蒙)과 민발(閔發)의 발언

세종이 내불당(內佛堂)을 새로 지으니, 공경대부와 대간(臺諫)의 유생과 삼관의 제생들이 모두 상서해 극간했다. 판원사 이순몽(李順蒙)이 또한 정원(政院)에 나아가 간하니 임금께서 말씀하시기를 "문사들이 부처를 물리침은 마땅하지마는 재신(宰臣)이 어찌 불교의 시비를 알아서 반대하느냐" 했다. 이순몽이 대답하기를 "사람들이 모두 그르다 하므로 신 또한 그르게 여기오며, 사람들이 모두 논간하므로 신도 또한 논간하옵니다. 온 나라가 다 그르다고 하는 일을 전하께서는 어찌 홀로 하시겠습니까" 했다.

성종이 장차 덕종(德宗)[326]을 태묘(太廟)에 부제(祔祭)하려 하여 정원(政院) · 육조(六曹) · 대간 · 홍문관을 모아놓고 이를 의논케 했다. 논의가 어지러워 일정하지 못할 때, 여성군(驪城君) 민발(閔發)이 또한 공신으로 참여했다가 좌우에게 묻기를 "덕종은 어떤 사람이며, 종묘는

326) 덕종 : 세조(世祖)의 큰아들이자 성종(成宗)의 아버지. 세자로서 죽은 것을 성종이 왕위에 오른 뒤 임금의 칭호를 올리고자 했다. 그렇기에 신주를 종묘에 놓는 것이 문제가 되었다.

누구의 집인고" 하니 좌우가 대답하기를 "덕종은 지금 임금의 돌아가신 아버지요, 종묘는 지금 임금의 조상을 제사 지내는 곳이다" 했다. 민발이 말하기를 "그러면 이는 아주 쉬운 일이로다. 자식으로서 아버지를 제사 지냄이 사리에 맞거늘 어찌 다른 논의가 있으리요" 하니 뒤에 마침내 종묘에 제사를 모셨다. 대개 이순몽과 민발은 모두 무지한 무사로되 그 발언이 이치에 맞으니, 이는 본연의 착한 성품이 없어지지 않음에 말미암은 것이다.

조수(潮水)

조수(潮水)의 왕래에도 법칙이 있다. 아침에는 밀물이라 하고 저녁엔 썰물이라 한다. 이를 '신(信)'[327]이라고 한 것은 그 시기를 잃지 않기 때문이다. 월민(越閩)[328] · 제동(齊東)[329] · 요심(遼瀋)의 경계로부터 우리 서남해에 이르기까지 조수가 모두 동일하다. 오직 동해만이 조수가 없는데, 중국에서는 이것을 알지 못하므로 선유(先儒)로서 논의한 사람이 없었다.

혹은 이르기를 "남방은 체(體)가 부드럽고 용(用)이 강한 까닭으로 조수가 있고 북방은 체가 강하고 용이 부드러우므로 조수가 없다" 했다. 또 "조수의 근원이 중국으로부터 나오니 우리 서해는 가까운 고로 조수가 미치고, 동해는 멀기 때문에 조수가 미치지 않는다" 했다. 또는 "동쪽 여진의 지역으로부터 질펀하게 육지에 연결해서 동쪽 왜

---

327) 신 : 밀물 썰물의 별칭이다.

328) 월민 : 월(越)나라가 멸망한 후 구천(句踐)의 자손이 자립해 민월왕(閩越王)이라 했다.

329) 제동 : 제(齊)나라의 동변인 산동성 청성현(靑城縣)의 서쪽, 황하의 남안을 말한다.

(倭)에 달하고, 조수의 근원이 부상(扶桑)[330]으로부터 나와서 왜국을 지나 서쪽으로 가서 조수가 육지와 잇닿은 곳에 이르러 돌아서 남으로 가니, 우리나라 동해는 그 가운데 있는 고로 조수가 미치지 않는다" 했다. 이 세 가지 설이 아직 어떤 것이 옳은지 알지 못하겠다.

330) 부상 : 해가 뜨는 동쪽 바다.

꿩의 맛

꿩의 맛은 북쪽의 것이 최고다. 지금은 평안도 강변(江邊)의 꿩을 진상하는데, 그 크기가 집오리만 하고, 기름 엉긴 것이 호박과 같다. 겨울이 되면 이것을 잡아서 진상하니 이를 고치(膏雉)라 한다. 그 맛이 아주 좋고 북쪽으로부터 남으로 가면 꿩이 점점 여위어 호남·영남의 남쪽 변방에 이르면 고기가 비린내가 나서 먹을 수가 없다. 사람들이 말하기를 "북방에는 풀과 나무가 많아서 쪼아 먹기에 알맞기 때문에 살찐다" 했다.

유사(類似)한 사물들

세상 만물에는 서로 비슷한 것이 아주 많다. 닭과 꿩이 서로 비슷하고, 오리와 기러기가 비슷하고, 거위와 따오기가 비슷하고, 양과 말과 나귀가 비슷하고, 개와 이리가 비슷하고, 양과 영양이 비슷하고, 멧돼지와 돼지가 비슷하고, 쥐와 죽서(竹鼠)[331]가 비슷하고, 고양이와 살쾡이가 비슷하고, 할미새와 따오기가 비슷하고, 호랑이와 표범이 비슷하고, 노루와 사슴이 비슷하고, 매와 솔개가 비슷하고, 붕어와 잉어가 비슷하고, 큰 미꾸라지[鰊]와 뱀장어가 비슷하고, 게[蟹]와 거미가 비슷하고, 파리와 등에가 비슷하고, 도롱뇽과 해계(醢鷄)가 비슷하고, 개구리와 두꺼비가 비슷하고, 파와 마늘이 비슷하고, 생강과 심황이 비슷하고, 앵무새와 딱따구리가 비슷하고, 노야기와 갓이 비슷하고, 모란과 작약이 비슷하고, 배와 돌배가 비슷하고, 고욤과 밤이 비슷하고, 자두와 능금이 비슷하고, 가지와 외가 비슷하고, 감과 귤이 비슷하고, 복숭아와 살구가 비슷하고, 소나무와 잣나무 · 전나무가 비슷하고, 여지(荔

331) 죽서 : 대나무 밭에 사는 쥐.

支)와 용안육(龍眼肉)이 비슷하고, 해당화와 모과꽃이 비슷하고, 불구슬[玟瑰]과 사계(四季)가 비슷하고, 금전화와 패랭이꽃이 비슷하고, 고비와 고사리가 비슷하고, 도라지와 인삼이 비슷하고, 부들과 창포가 비슷하고, 주사(朱砂)와 웅황(雄黃)이 비슷하고, 소뇌(消腦)와 용뇌(龍腦)가 비슷하다. 그 밖의 물건으로 대소와 장단이 비록 다르나 형체가 서로 비슷한 것은 한이 없다.

기우제

기우제(祈雨祭)를 지내는 절차는 먼저 오부(五部)[332]로 하여금 개천을 수리하고 밭두둑 길을 깨끗하게 한 다음 종묘사직에 제사를 지낸다. 다음에 사대문에 제사를 지낸다. 다음에 오방(五方) 용신(龍神)에 제를 베푼다. 동족 교외에는 청룡, 남쪽 교외에는 적룡, 서쪽 교외에는 백룡, 북쪽 교외에는 흑룡이요, 중앙 종루(鍾樓) 거리에는 황룡을 만들어놓고, 관리에게 명해 제사를 지내게 하되 사흘 만에 끝낸다.

또 저자도(楮子島)에다 용제(龍祭)를 베풀어 도가자류(道家者流)[333]로 하여금 용왕경(龍王經)[334]을 외우게 하고 또 호두(虎頭)를 박연(朴淵)과 양진(楊津) 등지에 던지며, 창덕궁 후원과 경회루 · 모화관(慕華舘) 연못가 세 곳에 도마뱀을 물동이 속에 띄우고, 푸른 옷 입은 동자 수십 명이 버들가지로 동이를 두드리며 소라를 울리면서 크게

---

332) 오부 : 서울 안을 다섯 개로 나눈 것. 즉, 동부 · 서부 · 남부 · 북부 · 중부를 지칭한다.

333) 도가자류 : 도교를 닦는 사람을 말한다.

334) 용왕경 : 날이 가물어 용제를 지낼 때에 읽는 경문(經文)이다.

소리 지르기를 "도마뱀아, 도마뱀아, 구름을 일으키고 안개를 토해 비를 퍼붓게 하면 너를 놓아 돌아가게 하리라" 한다. 헌관과 감찰이 관과 홀을 정제하고 서서 제를 지내되 사흘 만에 끝낸다.

또 성내 모든 부락에 물병을 놓고 버들가지를 꽂아 향을 피우고 방방곡곡에 누각을 만들어 여러 아이들이 모여 비를 부르며, 또 저자를 남쪽 길로 옮기어 남문을 닫고 북문을 열어놓는다. 가뭄이 심하면 왕이 정전(正殿)을 피하고, 반찬을 줄이며, 북을 울리지 않으며, 억울하게 갇힌 죄인을 살피며 중외(中外)의 죄인에게 사령(赦令)[335]를 내린다.

335) 사령 : 국가에서 경사가 있거나 그 밖의 사유로 죄인을 놓아주는 은전(恩典)을 말한다.

원각사(圓覺寺)

원각사(圓覺寺)는 본시 큰절의 터다. 처음에는 대전(大殿)과 동서의 선당(禪堂)이 있었을 뿐이다. 관습도감(慣習都監)[336]은 대전의 서쪽 선당에 들어 있고, 예장도감(禮葬都監)[337]은 동쪽 선당에 들어 있다. 대전의 북쪽에 있는 중부는 유생들의 집회소였다. 그런데 세조께서 하명해 모두 헐어 없애고 다시 큰절을 지어 '원각'이라 이름 지었다. 은천군(銀川君)·옥산군(玉山君)으로 제조(提調)를 삼고, 대사헌을 겸하게 하여 항상 노상에서 대사헌의 위의를 갖추게 했다. 이로써 두 사람이 가벽(呵辟)[338]하고 또 기사로 하여금 퉁소를 불고 앞을 인도케 하니 남녀가 많이 모여 구경했다.

절이 다 지어져서 경찬회(慶讚會)를 베풀고, 임금이 여러 번 거동했다. 하늘에서 사화(四花)[339] 비가 내리고, 사

---

336) 관습도감 : 세종대왕 때 음악을 맡아보던 곳이다.

337) 예장도감 : 국장(國葬)을 맡아보던 곳이다.

338) 가벽 : 지위가 높은 사람이 길을 다닐 때에 일반 사람들에게 비키라고 소리쳐 물리치는 일이다.

339) 사화 : 석가가 법화경을 말할 때 하늘에서 내려온 백연화, 대연련

리(舍利)[340]가 여러 개로 분리되는 이적(異蹟)이 있어 여러 번 백관의 직급을 올려주었다.

그 뒤 중부를 가각고(架閣庫)의 터로 옮기고, 예장도감은 송현행랑(松峴行廊)에 두어 귀후서(歸厚署)[341]에 속하게 하고, 관습도감은 봉상시(奉常寺)[342] 악학에 합쳐서 악학도감(樂學都監)이라 했다. 얼마 안 되어 장악원(掌樂院)이라 개칭했다. 홍인산(洪仁山)이 제조가 되었을 때 그 땅이 좁고 사람이 많으므로 지금 있는 자리로 옮기어 크게 창설하니, 그 큰 집과 뛰어난 규모가 모든 관청 중에서 제일이 되어 백관의 습의(習儀)[343]하는 곳이 되었다. 또 과시장(科試場)으로서 선비를 뽑는 곳이 되었다.

화, 홍연화, 대홍연화를 말한다.

340) 사리 : 불골(佛骨)을 말한다.

341) 귀후서 : 나라의 관곽을 만들고 장례에 관한 사무를 맡아보던 관청이다.

342) 봉상시 : 제사(祭祀)와 시호(諡號)에 관한 사무를 맡아본 관청이다.

343) 습의 : 의례(儀禮)의 절차를 연습하는 것이다.

언문(諺文) 창제

세종께서 언문청(諺文廳)을 설치해 신숙주(申叔舟), 성삼문(成三問) 등에게 명해 한글을 짓게 하니, 초종성(初終聲)이 8자, 초성이 8자, 중성이 12자였다. 그 글씨체는 범자(梵字)[344]를 본받아 만들어졌으며 우리나라와 다른 나라의 어문문자(語文文字)로 표기치 못하는 것도 모두 막힘없이 기록할 수 있었다. 《홍무정운(洪武正韻)》[345]의 글자를 또한 모두 한글로 쓰고 드디어 오음(五音)으로 나누어 분별하고, 이를 아음(牙音) · 설음(舌音) · 순음(脣音) · 치음(齒音) · 후음(喉音)이라 했다. 순음에는 경중(輕重)의 다름이 있고, 설음에는 정반(正反)의 구별이 있고, 글자에도 또한 전청(全淸) · 차청(次淸) · 전탁(全濁) · 불청(不淸) · 불탁(不濁)의 차이가 있어서 비록 무지한 부인이라도 똑똑하게 깨닫지 못함이 없게 했다. 성인(聖人)이 사물을 창조하는 지혜야말로 평범한 사람의 힘

---

344) 범자 : 인도 고대의 문자. 산스크리트 문자.

345) 《홍무정운》: 명(明)나라 홍무제(洪武帝) 때 한림시강학사(翰林侍講學士) 악소봉(樂韶鳳) 등이 칙명을 받들고 찬정(撰定)한 운서(韻書).

으로 미칠 바가 아니다.

유구(琉球) 사신이 본 세 가지 장관

정유년(丁酉年)에 유구국왕(琉球國王)의 사신이 우리 나라에 왔다. 성종께서 경회루에서 접견했더니, 사신이 퇴관해 통사(通事)에게 말하기를 "내가 귀국에 와서 세 가지 장관(壯觀)을 보았소" 했다. 통사가 물으니, 사신이 말하기를 "경회루 돌기둥에 종횡으로 그림을 새겨서 나는 용의 그림자가 푸른 물결 붉은 연꽃 사이에 보였다 안 보였다 하니, 이것이 한 가지 장관이요, 영의정 정 공(鄭公)이 풍채가 준일하고 흰 수염이 늘어져 턱까지 내려와서 조복을 빛나게 하니 이것이 둘째로 장관이요, 예빈정(禮賓正)이 항상 낮에 술 마시는 연석에 참례해 쾌히 큰 잔으로 무수히 술을 마시되 일찍이 취한 빛을 보이지 않으니 이것이 셋째로 장관이다" 했다. 당시 이숙문(李淑文)이 예빈부정(禮賓副正)이라 친구들이 이 말을 듣고 모두 절도(絶倒)했다.

활자의 종류와 주자법(鑄字法)

태종께서 영락(永樂) 원년(元年 : 1403)에 좌우에게 이르기를 "무릇 정치는 반드시 전적(典籍)을 널리 보아야 하거늘, 우리나라는 해외에 있어서 중국의 책이 드물게 오고, 판각은 또 쉽게 깎여 없어질 뿐 아니라, 천하의 책을 다 새기기 어렵다. 내가 구리를 부어 활자를 만들어놓고 필요한 때에 서적을 찍어내고자 한다. 그것을 널리 전파하면 진실로 무궁한 이익이 될 것이다" 했다.

드디어 고주시서(古註詩書) 좌씨전(左氏傳)의 글자를 써서 이를 주조하니, 이것이 주자(鑄字)를 만들게 된 연유이며 이를 정해자(丁亥字)라 했다. 또 세종께서 주조한 글자가 크고 바르지 못하므로 경자년(庚子年 : 1420년)에 다시 주조하니 그 모양이 작고 바르게 되었다. 이로 말미암아 인쇄하지 않은 책이 없었다. 이것을 경자자(庚子字)라 했다. 갑인년에 또 위선음즐자(爲善陰騭字)를 써서 주조하니 경자자에 비하면 조금 크고 자체가 아주 좋았다. 또 세조에게 명해 강목(綱目)의 큰 글자를 쓰게 하시니 세조는 당시 수양대군이었는데, 드디어 구리를 부어 글자를 만들어 이로써 강목을 인쇄하니 곧 지금의 이른바 훈의(訓

義)다. 임신년에 문종께서 안평대군에게 다시 경자자를 녹여서 쓰게 하시니 이것이 임자자(壬子字)다. 을해년에 세조께서 강희안(姜希顔)에게 명해 임신자를 개주해 쓰게 하니 이것이 을해자(乙亥字)다. 지금까지도 이를 쓰고 있다.

그 뒤 을유년에 원각경(圓覺經)을 인쇄하고자 하여 정난종(鄭蘭宗)에게 명해 쓰게 했는데, 자체가 고르지 못했다. 이를 을유자(乙酉字)라 했다. 성종께서 신묘년에 형공(荊公)[346]의 구양 공집(歐陽公集)의 글자를 사용해 주자(鑄字)하니 그 체가 경자자보다 적되 더욱 정묘해 신묘자(辛卯字)라 했다. 또 중국의 신판 강목자를 얻어 주자해 이를 계축자(癸丑字)라 했다.

대개 주자하는 법은 먼저 황양목(黃楊木)을 써서 글자를 새기고, 바닷가 갯벌의 부드러운 진흙을 평평하게 인판에다 폈다가 목각자(木刻字)를 진흙 속에 인착하면 찍힌 곳이 옴폭 들어가서[凹] 활자가 되니, 이때에 두 인판을 합하고 녹은 구리를 한 구멍으로 쏟아부어 흐르는 구리 액이 움푹 들어간 곳에 들어가서 하나하나 글자가 되면 이를 깎고 또 깎아서 정제한다. 나무에 새기는 사람을 각자(刻字)

346) 형공 : 중국 북송(北宋)의 정치가 왕안석(王安石)을 말한다.

라 하고, 주조하는 사람을 주장(鑄匠)이라 한다. 드디어 여러 글자를 나누어서 궤에 저장한다. 활자를 지키는 사람을 수장(守藏)이라 한다. 나이 어린 공노(公奴)가 이 일을 했다. 그 서초(書草)를 부르는 사람을 창준(唱准)이라 했으며 모두 글을 아는 사람들이 이 일을 했다. 수장이 글자를 서초 위에 벌려놓고 판에 옮기는 것을 상판(上板)이라 하고, 대나무 조각으로 빈 데를 메워 단단하게 하여 움직이지 않게 하는 사람을 균자장(均字匠)이라 하고, 주자를 받아서 이를 찍어내는 사람을 인출장(印出匠)이라 했다. 감인관(監印官)은 교서관원(校書館員)이 되었다. 감교관(監校官)은 따로 문신 중에서 임명한다. 처음에는 활자를 벌려놓는 법을 몰라서 납을 판에 녹여서 글자를 붙였다. 이런 까닭으로 경자자는 끝이 모두 송곳 같았는데, 그 뒤에 비로소 대나무로 빈 데를 메우는 재주를 써서 납을 녹이는 비용을 없앴으니, 비로소 사람의 지혜란 무궁함을 알게 되었다.

김종련(金宗蓮)의 우직함

사문 김종련(金宗蓮)은 성품이 우직했으며, 서사(書史)를 널리 보았다. 젊어서 청계산(淸溪山) 밑에 살았는데, 하루는 도적 여럿이 그 집에 침입했다. 사문이 활을 쏘려고 문에 의지해 서 있었는데 도적이 의심이 나고 두려워서 감히 가까이 가지 못하다가 사문이 활 쏘는 것을 보고 도적이 날뛰면서 "용감합니다. 선배의 활 솜씨야말로 감히 당치 못하겠습니다" 하고, 비웃으며 방에 들어가 재물을 모두 훔쳐가니 사문은 겨우 위험을 면했다.

또 세조께서 산천에서 제사를 지내고자 할 때 제물로 쓸 짐승이 몹시 말랐으므로 제물을 맡아 기른 직원을 파면시키고, 다시 헌부에 명해 기르는 것을 보살피게 했는데, 사문이 감찰이 되어 임무를 수행코자 밤낮으로 외양간 옆에 앉아 있었는데, 소가 배가 불러 풀을 먹지 않거늘 사문이 소를 돌아보고 "소야, 소야, 어찌해 풀을 먹지 않는가. 이미 너의 관원을 먹고[罷職] 또 나를 먹으려 하느냐. 부지런히 풀을 먹어서 나의 죄를 면하게 해다오" 했다.

또 사문이 선발되어 통감찬집청(通鑑撰集廳)에 참여했는데, 여러 선생이 음식 맛을 논하다가 우연히 복어가 사람을 죽이는 일에 이야기가 미쳤다. 이때 같이 청중에 앉았는데 점심 밥상에 새로 나온 조기탕이 있는지라, 동료가 사문을 돌아보고 "이 고기의 맛이 참으로 좋으니 한번 맛을 보라" 하니, 사문이 탕 그릇을 밥상 밑에 놓으며 "선생이 나를 속여 사람을 죽이고자 하느뇨" 하여 자리에 있던 사람이 모두 크게 웃었다.

박지번(朴之蕃)의 충직

성종께서 승하하시는 날에 성중의 사대부 거족들이 혼인하는 사람이 많았는데, 더러는 아침을 타서 가고, 또 낮에 가고, 또한 모르는 척하고 가더니 그 뒤에 일이 발각되어 모두 죄를 받았다.

죽성군(竹城君) 박지번(朴之蕃)은 무인(武人)이라 문자를 알지 못했다. 승하하는 전날이 아들 초례(醮禮)[347]를 지내는 날이라 손님들이 왔는데, 돌연 상감의 병환이 위급하다는 소문을 듣고 말하기를 "군부가 편치 않으신데 신하 된 자가 어찌 사사로이 혼례를 행하리오" 하고 손님들을 물리쳐 돌아가게 했다. 당시 의논하는 자가 말하기를 "유림이 도리어 무사(武士)만 못하니 한탄할 일이로다" 했다.

---

347) 초례 : 혼인의 예식을 말한다.

토산물(土産物)

채소와 과일은 알맞은 흙에 따라서 심어야 이익을 거둘 수 있다. 지금의 동대문 밖 왕심평(往審坪)[348]은 무, 순무, 배추 따위를 심고 있으며, 청파(靑坡) · 노원(蘆原) 두 역은 토란이 잘되고, 남산의 남쪽 이태원(梨泰院) 사람들은 다료(茶蓼)를 잘 심어 홍아(紅芽)를 만들고, 경기 삭녕(朔寧) 사람들은 파를 잘 심고, 충청도 사람은 마늘을 잘 심으며, 전라도 사람들은 생강을 잘 심는다. 정선(旌善)의 배와 영춘(永春)의 대추와 밀양의 밤과 순흥의 잣과 함양 · 진양(晋陽)의 감은 다른 곳에도 이것들이 있기는 하나, 이 고을 것처럼 많거나 맛이 좋지는 않다.

348) 왕심평 : 지금의 왕십리(往十里)를 말한다.

파리목사[蠅牧使]

무관(武官) 양(梁) 아무개가 공주목사(公州牧使)가 되었다. 삼복에 파리가 많은지라, 양이 이를 싫어해 고을의 아전에서부터 기생과 종들에 이르기까지 매일 아침 파리 한 되를 잡아 바치게 했다. 법을 엄하게 만들어 이를 독촉하니 상하가 다투어 파리를 잡느라고 쉴 겨를이 없었다. 이리하여 주머니를 가지고 파리를 사러 다니는 사람까지 있게 되었다. 당시 사람들이 그를 '파리목사[蠅牧使]'라고 했으며 "고을 다스리기를 파리 잡듯이 하면 명령이 어찌 행해지지 않으리오" 했다.

용재총화 권8(慵齋叢話 卷之八)

승문원(承文院)

병조판서 안숭선(安崇善)이 승문원(承文院) 제조(提調)가 되어 내병조(內兵曹)를 경복궁 광화문 안의 동쪽 구석에 지었다. 대청과 낭료(廊寮)349)가 모두 갖추고 규모가 굉장하고 치밀했다. 여러 낭관이 이에 진력하니 오래 가지 않아 낙성을 하게 되었다. 판서가 임금께 아뢰기를 "병조는 이 집이 아니더라도 있을 곳이 있지만, 승문원은 사대의 직무를 맡고 있어서 관장하는 문서도 많으므로 관청이 좁아서 들어가지 못합니다. 바라건대 이 집을 승문원에서 쓰도록 하소서"했다. 즉시 그대로 윤허했다. 병조의 낭관들이 모두 실색했으나 어찌할 수 없었다. 이로 말미암아 승문원이 궐내에 들어오게 되었다.

문서를 고핵(考覈)하는 날에는 도제조(都提調)와 제조(提調)가 나란히 앉아 문서를 감사해 올린다. 내자시(內資寺)에서는 술을 제공하고, 사재감(司宰監)은 포육(脯肉)을 바쳤다. 이 일이 끝나면 퇴청하는데 낭청은 그대로 앉아 술자리를 벌인다. 교리(校理) 조안정(趙安貞)이 한 구를

349) 낭료 : 각 관원이 분과하는 처소를 말한다.

지었다.

"문서를 감사하는 날에는
제조가 각각 모여 와서는
마른 노루포는 한 입에 저미고
임금이 내린 술 두 항아리를 열었네.
대선생을 부르면서 마시며
여러 동료를 불러들이는데
고령[350]의 술잔이 오르내리니
옥산이 무너진 줄 몰랐도다."[351]
監進文書日 提調各散回
乾獐一口割 宣醞兩尊開
呼大先生飮 請諸僚友來
高靈鍾上下 不覺玉山頹

승문원에는 인원이 많고 급료는 적어서 낮에는 다만 한 그릇 밥과 소금에 절인 나물 한 접시로 점심을 먹었다.

---

350) 고령 : 신숙주(申叔舟)를 지칭한다.

351) 이백(李白)의 시에 '옥산자도비인추(玉山自倒非人推)'라 했다. 술이 몹시 취한 것을 형용한 말이다.

당시에 이를 희롱하는 사람이 있어 말했다.

“소반 위에 깨진 주발은 배[舟]보다 큰데
궂은 밥은 엉성해 꿩 대가리보다 적네
배가 차지 않아 오히려 출출하나니
시종에게는 남은 찌꺼기도 돌아오지 않네.”
盤中破鉢大於舟, 糲飯參差小雉頭
腹未果然還自惄, 騶僮曾不瀝餘休

어전문사(御前文士)로서 학관(學官)이 되었다가 이로 인해 벼슬을 얻은 자가 자못 많았으므로 당시 사람들이 승문원을 활인원(活人院)이라 했다. 신고령이 예조판서를 겸직해 오로지 사대(事大)의 예를 관장한지라, 임금께 여쭈어 봉급을 더 주기를 청하니 조금 넉넉해졌다.

역대 문장가와 저술

우리나라에는 문장가가 적다. 저서가 있는 이는 더욱 적다. 신라시대의 최치원(崔致遠)이 《계원필경(桂苑筆耕)》 몇 권을 저술했는데, 모두 사륙변려문(四六騈儷文)이다. 시중 최자(崔滋)가 《동인문(東人文)》 몇 십 권을 편찬하고, 예산(猊山) 최해(崔瀣)가 《삼한구감(三韓龜監)》 한 질을 편찬하고, 시중 김태현(金台鉉)이 《동국문감(東國文鑑)》 몇 십 권을 편찬했다. 서달성(徐達城)이 왕명을 받들어 《동문선(東文選》 몇 십 권을 편찬했는데, 모두 전현(前賢)의 시문을 모은 것이다. 문순공(文順公) 이규보(李奎報)는 《이상국전후집(李相國前後集)》 몇 십 권을 저술했다. 원외랑(員外郎) 김극기(金克己)가 《김거사집(金居士集)》 몇 십 권을 저술했는데, 고판(古板)은 교서관(校書舘)에 있으나 반은 깎였다. 《은대집(銀臺集)》[352]은 한 질이 있을 뿐이요, 《쌍명재(雙明齋)》 한 질과 《파한집(破閑集)》 상·하질은 모두 이인로(李仁老)가 저술한 것이다. 《보한집(補閑集)》 상·하질은 시중 최자(崔滋)가 저술

---

352) 《은대집》 : 승정원 승지들의 시문을 모아 엮은 책이다.

한 것이다. 《서하집(西河集)》은 단간(斷簡)[353] 한 질이니 임춘(林椿)이 저술한 것이다. 《익재집(益齋集)》 몇 십 권과 《역옹패설(櫟翁稗說)》 한 질은 이제현(李齊賢)이 저술한 것이다. 《창화집(唱和集)》 두 질은 예종이 곽여(郭輿) 등과 더불어 수창한 것을 저술한 것이다. 《동안거사집(動安居士集)》 한 질은 이승휴(李承休)가 저술한 것이다. 《중순당집(中順堂集)》 한 질은 나흥유(羅興儒)가 저술한 것이다. 《식영암(息影庵)》 한 질은 중이 지었는데, 그 이름은 알 수가 없다. 《죽간집(竹磵集)》 한 질은 나옹의 제자 굉인(宏寅)이 구양현위(歐陽玄危)와 더불어 일찍이 사귀어 양학사(兩學士)가 서(序)를 쓴 것인데, 시가 가장 웅건하다. 《관동와주(關東瓦注)》 한 질은 안경공(安景恭)이 관동 안렴사로 되었을 때 저술한 것이다. 《목은시문집(牧隱詩文集)》 몇 십 권은 한산백(韓山伯) 이색(李穡)이 저술한 것으로 동방의 문부(文府)라 할 만하다. 《가정집(稼亭集)》 몇 권은 이곡(李穀)이 저술한 것이다. 《초은집(樵隱集)》 한 질은 이인복(李仁復)이 지은 것이다. 《포은집(圃隱集)》 한 질은 문충공 정몽주(鄭夢周)가 지은 것이다. 《도은집(陶隱集)》 두 질은 이숭인(李崇仁)이 지은 것이다. 《농은

353) 단간 : 떨어지고 빠져서 완전하지 못한 글을 말한다.

집(農隱集)》 한 질은 졸옹(拙翁) 최해(崔瀣)가 지은 것이다. 《제정집(霽亭集)》 한 질은 이달충(李達衷)이 지은 것이다. 《설곡집(雪谷集)》 한 질은 정보(鄭誧)가 지은 것이다. 《원재집(圓齋集》 한 질은 정추(鄭樞)가 지은 것이다. 《사암집(思庵集)》 한 질은 유숙(柳淑)이 지은 것이다. 《복재집(復齋集)》 한 질은 정총(鄭摠)이 지은 것이다. 《의곡집(義谷集)》 한 질은 이방직(李邦直)이 지은 것이다. 《춘곡집(春谷集)》 한 질은 이항구(李亢紌)가 지은 것이다. 《동정집(東亭集)》 한 질은 염흥방(廉興邦)이 지은 것이다. 《훤정집(萱庭集)》 한 질은 염정수(廉庭秀)가 지은 것이다. 《양문시문집(陽文詩文集)》 몇 십 권은 문충공 권근(權近)이 지은 것이다. 《춘정집(春亭集》 몇 십 권은 변계량(卞季良)이 지은 것이다. 《삼봉집(三峯集)》 몇 십 권은 정도전(鄭道傳)이 지은 것이다. 《부재집(負齋集)》 한 질은 박의중(朴宜中)이 지은 것이다. 《쌍매당(雙梅堂)》 몇 십 질은 이첨(李詹)이 지은 것이다. 《교은집(郊隱集)》 7권은 정이오(鄭以吾)가 지은 것이다. 《척약재집(惕若齋集)》 한 질은 김구용(金九容)이 지은 것이다. 《유항집(柳巷集)》 한 질은 한수(韓修)가 지은 것이다. 《선탄집(禪坦集)》은 중 선탄이 지은 것이다. 《독곡집(獨谷集)》 두 질은 정승 성석린(成石璘)이 지은 것이다. 《상곡집(桑谷集)》 한 질은 우리 증조

공(曾祖公)이 지은 것이다. 《매헌집(梅軒集)》 두 질은 제학(提學) 권우(權遇)가 지은 것이다. 《둔촌집(遁村集)》 한 질은 이집(李集)이 지은 것이다. 《근사재집(近思齋集)》은 설손(偰遜)이 지은 것이다. 《운제(芸齊)》 한 질은 설장수(偰長壽)가 지은 것이다. 《하정집(夏亭集)》 한 질은 정승 유관(柳觀)이 지은 것이다. 《철성연방집(鐵城聯芳集)》은 이암(李嵒)·이강(李岡)·이원(李原) 등이 지은 것이다. 《팔계집(八溪集)》은 정해(鄭偕)가 지은 것이다. 《천봉집(千峰集)》 한 질은 중 둔우(屯雨)가 지은 것이다. 《계정집(桂庭集)》 한 질은 중 성민(省敏)이 지은 것이다. 《태재집(泰齋集)》 한 질은 유방선(柳芳善)이 지은 것이다. 《율정집(栗亭集)》 한 질은 윤택(尹澤)이 지은 것이다. 《청경집(淸卿集)》 한 질은 윤회(尹淮)가 지은 것이다. 《방헌집(厖軒集)》 한 질은 정승 황희(黃喜)가 지은 것이다. 《난계집(蘭溪集)》 한 질은 함부림(咸傅霖)이 지은 것이다. 《통정집(通亭集)》 한 질은 강회백(姜淮伯)이 지은 것이다. 《완역재집(玩易齋集)》 한 질은 강석덕(姜碩德)이 지은 것이다. 《인재집(仁齋集)》 한 질과 《양화소록(養花小錄)》 한 질은 강희안(姜希顔)이 지은 것이다. 《단활집(短豁集)》 한 질은 이혜(李惠)가 지은 것인데, 사람됨이 키가 작고 입이 이지러졌기 때문에 이같이 이름했다. 《보한재집(保閑齋

集)》 두 권은 영의정 신숙주가 지은 것이다. 《소한당집(所閑堂集)》 두 질은 좌의정 권람(權擥)이 지은 것이다. 《태허정집(太虛亭集)》 두 질은 영의정 최항이 지은 것이다. 《식우집(拭疣集)》 두 질은 김수온(金守溫)이 지은 것이다. 《사가정집(四佳亭集)》 몇 십 권은 달성군 서거정이 지은 것이다. 《사숙재집(私淑齋集)》 몇 십 권은 진산군(晋山君) 강희맹(姜希孟)이 지은 것이다. 《안재집(安齋集)》 한 질은 우리 백씨(伯氏)가 지은 것이다. 《진일집(眞逸集)》 한 질은 우리 중씨(仲氏)가 지은 것이다.

고려로부터 조선에 이르는 사이에 저작자가 무수히 많고 저술한 것이 비록 많으나, 자손이 있으되 미약해 모으지 못하고, 비록 모으고자 하나 흩어져 없어진 것도 있다. 지금까지 아직도 세상에 전하는 것을 모아 위와 같이 기록해 둔다.

향도(鄕徒)의 미풍

요즈음은 풍속이 날로 야박해지지만 오직 향도(鄕徒)[354]만은 아름다운 풍속이 그대로 있다. 대체로 이웃 천인(賤人)들이 모두 모여서 회합을 하는데, 적으면 7~9명이요, 많으면 백여 인이나 된다. 매달 돌림으로 술을 내고, 초상을 당한 자가 있으면 같은 무리가 상복을 갖추고, 관곽(棺槨)을 갖춰주며, 혹은 횃불도 갖춰주고, 음식을 갖추어준다. 혹은 상여를 메고, 무덤을 만들며, 사람들이 모두 시마복(緦麻服)[355]을 입는다. 이는 참으로 좋은 풍속이다.

---

354) 향도(鄕徒) : 시골의 상민들이 상장(喪葬) 때 서로 돕기 위해 구성한 모임에 참여한 사람들을 말한다.

355) 시마복 : 상례 때 입는 상복(喪服).

빙고(氷庫)

지금의 빙고(氷庫)는 곧 옛날 중국에서 말하는 능음(凌陰)[356]이다. 동빙고는 두모포(豆毛浦)에 있는데, 오직 하나뿐이어서 제사 지내는 데에만 사용했다. 얼음을 저장할 때는 봉상시(奉常寺)가 주관하고, 별제(別提) 두 사람과 함께 검찰했다. 또 감역부장(監役部將)과 벌빙군관(伐氷軍官)이 저자도(楮子島) 사이에서 채취하는 것을 감독했는데 이는 개천 하류의 더러움을 피하기 위함이다.

서빙고(西氷庫)는 한강 하류 둔지산(屯知山) 기슭에 있는데, 무릇 고(庫)가 8경(梗)이나 된다. 모든 국용(國用)과 제사(諸司)[357], 재추(宰樞)가 이 얼음을 썼다. 군기시(軍器寺)·군자감(軍資監)·예빈시(禮賓寺)·내자시(內資寺)·내섬시(內贍寺)·사섬시(四贍寺)·사재감(四宰監)·제용감(濟用監)이 주관해 별제 두 사람과 같이 검찰했고, 또 감역부장과 벌빙군관이 있다. 그 나머지 각사는 8경에 분속했다.

---

356) 능음 : 얼음을 두는 곳으로 빙실(氷室)을 말한다.

357) 제사 : 백관(百官). 모든 벼슬아치.

얼음이 얼어서 4치가량이 된 뒤에 비로소 작업했다. 그때는 제사의 관원들이 서로 다투어 힘쓰므로 비록 군인이 많으나 잘 채취하지 못하고 촌민들이 얼음을 캐가지고 군인들에게 팔았다. 또 칡 끈을 얼음에 동여매서 넘어지는 것을 방지하고, 강변에는 장작을 피워서 얼어 죽는 사람을 구제했으며, 또 의약을 상비해 다친 사람을 구제하는 등 사고에 대한 조치가 상비되었다.

처음에 8월이 되면 군인을 빙고에 많이 보낸다. 고원(庫員)이 군인을 인솔해 빙고의 천장을 수리하고 대들보와 서까래가 썩은 것을 바꾸고, 담이 허물어진 것을 수리했다. 또 고원 한 사람은 압도(鴨島)에 가서 갈대를 베어다가 빙고의 상하 사방을 덮는다. 많이 쌓아 두텁게 덮으면 얼음이 녹지 않는다.

예전에는 관인들은 밤낮으로 마음껏 취하도록 마시고 얼음을 저장하는 일은 하리(下吏)들에게 맡기었다. 계축년에 얼음 저장을 소홀히 했으므로 왕이 노해 모두 파직을 시켰다. 갑인년에는 관리가 주의해서 얼음을 저장했기 때문에 을묘년 국상과 중국 사신을 대접하는 연회에도 얼음이 넉넉하고, 가을까지 빙고에 얼음이 남았다. 그러니 검사하는 방법을 치밀하게 하지 않을 수 없다.

이름난 점쟁이들의 예언

우리나라의 명과(命課)[358]는 모두 소경이 맡아 했다. 국초에 복진(卜眞)이란 점쟁이가 있었는데 둔갑술[359]을 했다. 하루는 복진이 궁궐에 나아가 왕을 뵈옵기에 왕이 묻기를 "대궐의 문단속이 심히 엄한데 너는 어찌 들어왔는가" 했다. 진이 여쭙기를 "신이 둔갑술로 몸을 감추어 들어왔으므로 대궐 문지기가 알지 못했나이다. 오늘이 신의 명이 다하는 날이오니 원컨대 구해주시옵소서" 했다. 왕이 말하기를 "네가 비술로써 몰래 대궐에 들어왔으니, 네 죄가 매우 중해 용서할 수 없다" 하고, 곧 명해 죽였다.

그 뒤에 김학루(金鶴樓)란 사람이 명경수(明鏡數)[360]를 알았다. 또 김숙중(金叔重)이란 사람이 세상에 이름을 떨쳤다. 생원 박운손(朴雲孫)이 관비(館婢)와 간통하고 비의 본부(本夫)를 시기해 살해했으므로 살인죄로 옥에

---

358) 명과 : 운명 · 길흉을 점치는 일이다.

359) 둔갑술 : 귀신을 부리는 일종의 술법이다. 둔갑장신술(遁甲藏身術)의 뜻으로 쓰는 경우가 많다. 둔갑장신술은 둔갑의 술을 써서 자신의 몸이 남에게 보이지 않게 하는 법이다.

360) 명경수 : 점치는 책을 말한다.

갇혔는데, 판결하는 날에 형조의 낭관들이 모두 모였다. 숙중이 또한 그 옆에 있어 휴구(休咎)[361]를 이야기했다.

정랑(正郞) 노회신(盧懷愼)은 호부(豪富)로 한때 이름을 떨쳤는데, 숙중을 돌아보고 "저 죄인의 명이 조석에 있는데 면할 도리가 있을까" 했다. 숙중이 꽤 오래 명수를 점쳐보다가 "이 죄인이 형벌을 면할 수 있을 뿐만 아니라, 벼슬길이 넓게 트여서 해를 당할 일이 없고, 정랑의 명수가 오히려 이 죄인만 못합니다" 했다. 자리에 있던 사람들이 모두 그 맹랑함을 비웃었다. 운손이 형벌을 받는 날에 도망해 죽음을 면하고 뒤에 벼슬이 3품에 이르러 나이 70이 되어 죽었는데, 회신은 얼마 안 가서 일찍 죽었다.

우리 선군께서 숙중을 후대했다. 내가 다섯 살 때에 역질을 얻어 거의 죽게 되었는데, 숙중을 불러 길흉을 묻고 또 백형과 중형의 명까지 점치게 했다. 숙중이 말하기를 "큰 아드님은 복록이 장구해 벼슬이 이조판서에 이를 것이요, 둘째 아드님은 비록 청귀(淸貴)하나 명이 길지 않고, 소아는 복록이 큰 아드님과 비슷하나 영화는 오히려 더 나으니, 호랑이의 굴속에 두어도 해를 입지 않을 것입니다" 했다. 과연 말한 바와 같았다.

---

361) 휴구 : 길(吉)한 것과 흉(凶)한 것. 또는 복(福)과 화(禍).

김효순(金孝順)이란 사람이 또한 점을 잘 쳤다. 백형이 유생으로 있을 때 상사(上舍) 이관의(李寬義)와 함께 그 길흉을 점쳤다. 효순이 백형의 명수를 점쳐 말하기를 "올해에는 반드시 장원급제해 나중에 귀현(貴顯)에 이르리라" 했다. 상사의 명수를 점쳐 말하기를 "늙어 죽을 때까지 한 선비에 지나지 못하겠다" 했다. 상사가 문명(文名)이 있어 여러 사람이 받들어 거벽(巨擘)[362]으로 삼았으며, 과거에 힘들이지 않을 것이라 보았는데, 점친 말을 듣고 통곡해 흐느껴 울므로 효순이 위로해 말했다. "그러나 만년에 군신이 경사롭게 만나는 격입니다" 했다. 그 뒤에 상사가 마침내 과거에 급제하지 못하고 늙어서 시골에 물러가 있다가 나이 70에 일민(逸民)[363]으로서 임금의 부르심을 받았다. 성종께서 편전(便殿)에서 인견하고 치도(治道)를 강론할 때 전교를 내려 "참으로 훌륭한 인재지만 늙었으므로 쓰기 어렵다" 하시고 후하게 의복을 하사하고 돌려보냈다.

김산실(金山實)이 우리 이웃에 살고 있는데, 정미 · 무

---

362) 거벽 : 학식이나 어떤 전문적인 분야에서 뛰어난 사람.

363) 일민 : 학문과 덕행이 있으면서도 세상에 나서지 아니하고 묻혀 지내는 사람.

신년 간에 길흉을 물으니, 산실이 말하기를 "대명(大明)이 처음 나오는 곳에서 만 리에 빛을 보리니, 이는 벼슬길에 높이 오를 징조라, 반드시 고관을 얻을 것입니다" 했다. 그 해에 홍치황제(弘治皇帝)가 새로 황제의 자리에 오르고 사은사(謝恩使)로 명경에 나갔으므로 그 일이 바로 맞았다. 산실이 높은 벼슬자리를 얻겠다고 한 말은 틀렸으나 사실 그 징조에 있어서는 헛되지 않았다.

속담 중의 격언

속담에 "하루의 근심은 아침의 술이요, 1년의 근심은 맞지 않는 가죽신이요, 일생의 근심은 성질 나쁜 아내다"라는 말이 있으며, 또 "배가 부른 돌담과 말 많은 아이와 재물을 함부로 쓰는 주부는 소용이 없다"는 말이 있는데 말은 비록 속되나 역시 격언이다.

사람들의 억측

사람들에게 콩과 팥의 꽃 색깔을 물으면 흔히 "콩의 꽃은 누렇고, 팥의 꽃은 붉다"고 할 것이다. 이는 다만 그 열매의 색깔을 보고 말한 것이다. 실제 팥의 꽃은 누렇고 콩의 꽃은 붉다.

만약 석균(石菌)의 땅에 붙은 뿌리를 물으면 사람은 모두 "털이 난 것은 밖에 있고 거죽이 번지르르한 것은 땅에 붙었다" 하는데 이는 다만 거죽이 번지르르한 것은 진흙에 섞여 있음을 보고 말한 것이다. 실상은 털이 난 것이 땅에 붙어 있고 거죽이 번지르르한 것이 밖에 있는 것이다.

만약 한새[鸛鳥]의 꼬리를 물으면 사람들은 모두 검다고 한다. 이는 새의 두 날개가 꼬리를 덮고 있어 이를 검게 만든 것이지 실상은 흰 것이다. 대개 세상 사람이 억측으로 사물을 보는 것이 흔히 이와 같다.

용재총화 권9(慵齋叢話 卷之九)

조선인과 중국인의 비교

우리나라는 중국과 같지 않다. 우리나라 사람이 글을 읽을 때는 음(音)·해석·구결(口訣)이 있다. 그런 까닭에 쉽게 배울 수 없다. 중국은 말하는 것이 글자 그대로다. 음을 해석하는 일이 없고, 구결도 없다. 그런 까닭에 학문을 쉽게 성취할 수 있다.

우리나라 사람은 간교하고 의심이 많아 항상 사람을 믿지 않는다. 그런 까닭에 남도 나를 믿지 않는다. 중국인은 순후하고 의심이 없어서 비록 외국인과 상거래를 하더라도 다투거나 따지는 법이 없다.

우리나라 사람은 조그마한 일에도 경솔하고 조급하고 떠들썩하다. 그런 까닭에 사람은 많아도 성취하는 일은 별로 없다. 중국 사람은 조용하고 말이 없다. 그래서 사람이 적더라도 쉽게 일을 성취한다.

우리나라 사람은 많이 마시고 먹는다. 만일 한 끼라도 굶으면 배가 고파 어쩔 줄을 모른다. 가난한 사람은 부잣집에서 빌어다 먹기까지 하면서도 낭비하고 절용할 줄 모르기 때문에 곤경에 빠진다. 부귀한 사람은 술과 음식을 많이 벌여놓고도 싫어할 줄 모른다. 만일 군사가 출정하게 되면 병량(兵糧)의 운송이 반 이상을 차지한다. 길 떠나는 사람은 몇 리 안 되는 도정(道程)이라도 말에 실은 짐이 길을 메울 정도다. 중국 사람들은 많이 먹지 아니하며 군졸은 건량(乾糧)[364]을 말안장에 걸어놓아 굶주림에 대비한다. 길 떠나는 사람은 비록 천만 리 먼 길이라 할지라도 은전(銀錢)만 가지고 가면 요구하는 대로 밥도 먹을 수 있고 술도 마실 수 있다. 말도 탈 수 있고 종도 거느릴 수 있어 머무는 데는 집이 있고 자는 데는 계집이 있으므로 가기 어려운 곳이 없다.

우리나라 사람으로 관(官)에 있는 자는 조반(早飯)·조반(朝飯)·주반(晝飯)을 먹으며 술은 때를 가리지도 않고 마신다. 또 종들을 들볶아 성찬만 가져오라 한다. 조금이라도 어긋나면 반드시 매질을 한다. 중국 사람은 관에 있는 자는 공경대부라 할지라도 집에서 고기와 밥 한 그릇만을 차려서 관청으로 운반해 먹는다.

우리나라 사람으로 외지에 사신(使臣) 가는 자는 관리들이 지경(地境) 내에서 영송한다. 먼저 주식을 갖추어 준비했다가 고을에 들어오면 며칠 동안 머물게 하고, 크게 잔치를 베풀어 흠뻑 취하도록 한다. 그리하여 술이 깨어

364) 건량 : 먼 길 가는 데 갖고 다니기 쉬운 양식을 말한다.

있는 날이 없으니, 이렇게 하여 병을 얻어 폐인이 되는 사람도 헤아릴 수 없다. 송별할 때는 경치 좋은 산수에 장막을 치고 소매를 붙잡아 놓지 아니하며, 종일토록 그치지 않는다. 그러므로 졸렬한 사람은 관가의 돈을 없애서 날로 퇴폐해지고, 능란한 자는 영리를 꾀해 자기의 사복을 채우므로 관가는 날로 쓸쓸해지고, 관리와 백성은 점차 초췌해 괴로움을 견딜 수 없다.

반면에 중국 사람은 사신 나가는 자는 만기(萬騎)가 앞에서 인도하고, 절월(節鉞)[365]이 휘황하니 그야말로 성사(盛事)라 할 만하다. 고을에 들어가면 관리들은 당하(堂下)에서 절한다. 그리고 사신은 방에 들어가 족발과 변변치 않은 쌀밥 정도로 하고 따라온 사람과 같이 한 평상에서 자고 이튿날 떠나는데, 관리들이 5리 밖까지 나와서 석 잔 술로 전송한다. 관리가 인정을 닦고 싶으면 사사로이 주식을 갖추어 길 떠남을 칭탁(稱託)해 대접하기 때문에 사신은 오래 머물지 아니한다. 관가에는 낭비하는 물건이 없게 되어 주현(州縣)은 항상 풍족하다.

우리나라 사람들은 노비가 반을 차지하는 까닭으로 유

---

365) 절월 : 절(節)은 기(旗), 월(鉞)은 도끼다. 옛날에 임금이 출정하는 장군이나 봉명사신(奉命使臣)에게 하사해 위신(威信)을 나타내는 징표로 삼았다. 여기에서는 사신 행차의 위의의 뜻으로 쓰고 있다.

명한 고을이나 큰 읍이라도 군졸이 적다. 중국은 모두 나라 사람이고 집집마다 정병(精兵)이 있기 때문에 비록 작은 벽읍(僻邑)[366]이라도 수만의 무리를 급히 갖출 수 있다.

우리나라 사람은 경솔하고 부정(不定)해 백성은 관리를 두려워하지 아니하고, 관리는 선비를 두려워하지 않으며, 선비는 대부(大夫)를 두려워하지 아니하고, 대부는 공경(公卿)을 두려워하지 아니해 상하가 서로 업신여기고 경알(傾軋)[367]할 것만 생각한다. 그러나 중국은 백성이 관리 두려워하기를 표범같이 하고, 관리는 공경대부 두려워하기를 귀신같이 하며, 공경대부는 임금 두려워하기를 하늘과 같이 하는 까닭으로 일을 맡으면 잘 처리하고 명령을 내리면 쉽게 복종한다.

---

366) 벽읍 : 궁벽한 고을. 치우치게 외진 시골 고을이라는 뜻이다.

367) 경알 : 질투심으로 간사한 계책을 부려서 남을 모함하는 것이다.

온천(溫泉)

당자서(唐子西)의 〈논탕천기(論湯泉記)〉에 이르기를 "어떤 설(說)에는 염주(炎州)[368]의 지성(地性)이 몹시 더운 까닭으로 산곡(山谷)에 탕천(湯泉)이 많다 하고, 어떤 설에는 물에서 유황이 나오면 땅속이 따뜻하니 당초부터 남북(南北)을 가리지 않는다" 했다. 지금 임동(臨潼) 탕천은 정서(正西)에 있고, 염주의 남은 물도 반드시 뜨겁지 않으니 지성의 설은 맞지 않다. 또 유황을 물속에 넣어도 물이 뜨거워지지 않으니 유황의 설도 역시 맞는다고 할 수 없다. 내 생각에는 탕천은 하늘과 땅 사이에 자연히 따로 한 종류가 되어 있어 본래 그러한 성질을 받은 것뿐이지, 반드시 지성이나 유황으로 따뜻해진 것이 아니다.

지금 우리나라는 육도(六道)마다 모두 온정(溫井)이 있으나, 경기도와 전라도만 없다. 고서(古書)에 이르기를 "수주(樹州)에 온천이 있다" 했는데, 수주는 곧 지금의 경기도 부평부(富平府)다. 조정에서 사람을 보내어 답사했

---

368) 염주 : 남해(南海) 가운데에 있는 주(州)의 이름. 〈해내십주기(海內十洲記)〉에 "염주(炎洲)는 남해 중에 있으니 지방이 2천 리, 북안(北岸)에서 거리가 9만 리다"라고 했다.

으나 그 근원을 찾지 못했다. 고서에 잘못 기재된 것인지 그렇지 않으면 사람들이 싫어해 줄기를 막아버린 것인지 모르겠다. 경상도 영산현(靈山縣)에 온천이 있는데, 샘이 다른 곳보다 조금 차서 목욕하는 사람이 뜨거운 돌을 샘 속에 넣어 따뜻하게 한다. 또 목욕하러 오는 일본인이 연달아 끊이지 않았으므로 현에서 꺼려하여 임금에게 글로 상주해 그 샘 줄기를 막아버렸다.

동래(東萊) 온천이 가장 좋다. 마치 비단결 같은 샘물이 땅으로부터 솟아나오는데, 그 물을 끌어들여 곡(斛)에다 받아둔다. 따뜻한 것이 탕과 같아서 마실 수도 있고 술을 데울 수도 있다. 왜인으로서 우리나라에 오는 자는 반드시 목욕하고 가게 되므로, 얼룩 옷[班衣][369]을 입은 사람들의 왕래가 빈번해 주현(州縣)은 괴로움이 많았다.

충청도 충주(忠州) 안부역(安富驛) 큰길가에 온천이 있는데, 샘물이 미지근하고 별로 뜨겁지 않다. 온양(溫陽) 온천은 꼭 알맞게 따뜻해 세종과 세조께서 친히 여러 번 임행(臨幸)했다. 그 뒤에 정희왕후(貞熹王后)[370]도 갔는데 행궁(行宮)[371]에서 세상을 떠났다. 청주(淸州)에는 초

---

369) 얼룩 옷 : 왜인들의 복색을 지칭한다.

370) 정희왕후 : 세조(世祖)의 비(妃) 윤씨(尹氏)를 말한다.

수(椒水)가 있는데, 물은 따뜻하지 않으나 냄새가 후추와 같아서 안질이 잘 낫는다고 사람들이 말했다. 세종께서 친히 임행했고, 그 뒤에 세조께서 복천사(福泉寺)에 가면서 이곳을 지나다가 머물렀다.

강원도에는 세 개의 온천이 있다. 그 하나는 이천현(伊川縣)의 북쪽 깊은 산 속에 있다. 세종께서 옛 동주(東州)의 들에서 강무(講武)할 때 온천에 들렀다. 또 하나는 고성현(高城縣)의 속읍인 환가(豢猳)[372]에 있으니 금강산 동쪽 기슭이다. 샘이 큰 시냇가에 있는데, 세조께서 친히 납시어 지금까지도 어실(御室)과 불당(佛堂)이 있다. 나머지 하나는 평해군(平海郡) 서쪽 백암산(白巖山) 밑에 있는데, 샘이 산등성이 높은 언덕에서 솟아나온다. 샘물이 알맞게 따뜻하고 매우 깨끗하다. 중 신미(信眉)가 큰 집을 짓고 쌀을 조적(糶糴)[373]해 목욕하러 오고 가는 사람들에게 시여(施與)[374]했는데, 지금까지도 옛날과 같이 하고 있다.

---

371) 행궁 : 행재(行在), 행재소(行在所)와 같은 뜻이니, 임금 · 왕후 등이 순행 중에 일시 머무르는 곳이다.

372) 환가 : 지명(地名)으로 강원도 고성(高城)에 있었다.

373) 조적 : 곡식을 팔고 사는 일. 환곡을 꾸어주거나 거두어들이거나 하던 일.

374) 시여 : 남에게 물건을 거저 줌.

황해도에 온천이 가장 많다. 배천(白川) 대교온정(大橋溫井), 연안(延安) 전성온정(氈城溫井), 평산온정(平山溫井)·문화온정(文化溫井)·안악온정(安岳溫井) 등이 있다. 그중에서도 해주(海州)의 마산온정(馬山溫井)이 가장 기이해 미지근한 것도 있고 몹시 뜨거운 것도 있다. 바로 샘 옆이 바다이기 때문에 냄새가 좋지 않고 맛은 짜다. 들 가운데 30여 군데쯤 있는데, 개중에는 고여서 못을 이룬 곳도 있고, 혹은 조그마하게 물웅덩이를 만든 것도 있으며, 물 밑이 뜨거워서 밟기 어려운 곳도 있다. 또 어떤 것은 넘치는 샘이 물을 뿜어내어 뜨거운 물거품이 용솟음쳐서 주위에 있는 진흙이 뜨거워 열 때문에 엉겨서 돌과 같이 단단하다. 채소 줄기를 그 속에 던져보면 순식간에 익어버린다. 아침저녁에 김이 서려 온 들이 연기가 낀 것 같고, 평지는 따뜻해 마치 토상(土床)에 누운 것과 같다.

평안도에는 삭주온정(朔州溫井)과 성천온정(成川溫井)이 있고, 또 양덕현(陽德縣)에 온정이 있는데, 그 물이 끓는 탕과 같아서 새털을 데쳐낼 수 있을 정도다. 용강현(龍岡縣) 온정이 가장 기이한데, 물이 뜨거워서 아주 참을성 있는 사람이 아니면 오래 들어가 있을 수 없다. 물을 이끌어 곡(斛)에다 받아두어야만 목욕할 수 있다. 천정(泉井) 속에 조그마한 구멍이 있는데, 너무 깊어서 바다와 통하지 않는지 의심스럽다.

영안도(永安道)[375]에도 온천의 우물이 있다. 전라도에는 다만 무장(茂長)의 염정(鹽井)[376]이 있을 뿐 온천은 없다.

지금 이 사실들을 살펴보면 온천은 북방의 한랭한 심산 골짜기에 많이 있으며, 염기(炎氣)로 말미암아 이루어지는 것이 아님이 명백하다. 수성(水性) 또한 각각 다른 종류가 있어서 그 이치를 미루어 생각할 수 없다.

---

375) 영안도 : 함경도의 옛 이름이다.

376) 염정 : 바닷물처럼 염분이 많은 우물을 말한다.

훈장(訓長)

김구지(金懼知)의 자(字)는 근부(謹夫)다. 개성(開城)에서 서울로 와서 숭례문 밖에 있는 남의 집 방을 세내어 살았다. 사서삼경을 깊이 이해하지는 못했으나 통하지 않는 바가 없었다. 과거에 응시했으나 여러 번 초시(初試)[377]에만 합격했을 뿐 급제하지는 못했다. 사람됨이 순진하고 근면했으며 마음이 즐겁고 편안해 사람들과 사귈 때는 예에 거슬림이 없었다. 이런 까닭으로 많은 조정 명사들이 이 사람과 사귀었다. 집안이 어려워서 종이 없었고, 남의 여종을 얻어 첩으로 삼았으며, 항상 여염집의 아이들 수십 대(隊)를 모아 긴 행랑을 만들어 거처하게 했다. 자질이 능하고 능하지 못함에 따라 반을 나누어 가르치되, 아침에 모여들게 하고 저녁에는 흩어지게 했다. 그 가운데서 능한 자를 뽑아 유사(有司)를 삼았다. 또 일직(日直) 제도가 있었는데, 그 법을 학궁(學宮)[378]의 의례에서 모방했다. 외

---

377) 초시 : 과거에 응시할 자격을 보는 시험이다. 서울에서는 식년(式年)의 전해에 보았다.

378) 학궁 : 성균관을 말한다.

지 못하는 자, 게을러서 읽지 아니하는 자, 다투어 서로 욕하는 자, 스승과 연장자에게 무례한 자, 결석한 자, 늦게 온 자가 있을 것 같으면 일직이 유사에게 글로써 고한다. 유사는 스승에게 고해, 그 죄의 경중에 따라 벌했다. 10일마다 또 시를 짓게 했으니, 고하(高下)의 차례에 따라 이름을 뜰에서 불렀다. 사람이 다투어 부지런히 힘썼으며, 세시명절에는 서로 술병을 가지고 와서 드렸다.

나와 유우후(柳于後)·이숙도(李叔度)·방옹(放翁)·이자범(李子犯)·유관지(柳貫之)가 모두 그 문하에서 나왔다. 이때 유사덕(劉師德)·곽신민(郭信民)·유여흠(兪汝欽)도 가르쳤으나 김 군(金君)이 제일 부지런하고 엄했다. 조정에서 가상히 여겨 특별히 군직(軍職)[379]을 주고 그 뒤에 환관의 사부(師傅)가 되게 했다. 사부의 맡은 일은 환관을 가르칠 뿐만 아니라, 내종친(內宗親)으로서 아직 출합(出閤)[380]하지 않은 자가 모두 가르침을 받았다.

---

379) 군직 : ① 별군직(別軍職)과 같은 말. ② 서반(西班)의 산직(散職), 즉 오위(五衛)에 속한 상호군(上護軍)·대호군(大護軍)·호군(護軍)·부호군(副護軍)·사직(司直)·사과(司果)·사정(司正)·사맹(司猛)·사용(司勇) 등을 일컫는 말. 여기에서는 ②를 지칭한 것으로 체아직(遞兒職)이라고 한다. 봉록만을 급여하기 위해 임명하는 것으로서 직무는 없다.

세조께서 불러 서(書)를 강하게 할 때 김 군이 그 뜻에 능통해 묻는 대로 대답하니, 모두 시의(時宜)에 적합했다. 전교(傳敎)하기를 "이 사람은 다른 사부에 비할 바가 아니다. 참으로 쓸 만한 인재다" 하고, 특별히 은대(銀帶)를 하사하고, 장흥주부(長興主簿)를 배했다. 성종(成宗)이 월산대군(月山大君)과 함께 가르침을 받다가 즉위했으니, 사랑이 매우 두터워 종묘서령(宗廟署令)을 배했다.

조관(朝官)이 된 이후부터는 아이들을 가르치지 아니하고, 항상 사인(士人)과 놀면서 술 마시고 담회(談會)해 허송하는 날이 없었다. 사람들이 모두 존경했고, 나이 70에 벼슬이 통훈(通訓)에 이르러 죽었으며 자식이 없었다.

김우신(金友臣)·조륜(趙崙)·이사강(李思剛) 등이 또한 환관의 사부로서 임금을 도운 공이 있다. 윤과 사강은 동반직(東班職)[381]을 봉하고, 우신은 당상관에 올라 호조참의(戶曹參議)에 이르렀다. 첨지(僉知) 최세원(崔勢遠)은 경사(經史)에 박통했으나 나이 40이 지나도록 급제하

---

380) 출합 : ① 대군(大君)·왕자(王子)등이 성장한 뒤에 사궁(私宮)을 마련해 따로 거주하는 일. ② 공주(公主)·옹주(翁主)가 강가(降嫁)하는 일. 여기서는 ①의 경우를 말한 것이다.

381) 동반직 : 문관(文官). 조정에서 문관은 동쪽에 무관(武官)은 서쪽에 서므로, 문관은 동반, 무관을 서반(西班)이라고 한다.

지 못했다. 세조께서 영의정이 되었을 때 덕종(德宗)은 도원군(桃原君)이었는데, 결백하고 정직한 선비로 유명한 자들을 뽑아 스승을 삼으려 하니, 첨지가 여러 사람의 추천으로 반독(伴讀)이 되어 아침저녁으로 도움이 많았다. 세조께서 임금이 되고 덕종이 세자가 될 때 첨지는 병자과(丙子科)에 급제했다. 유가(遊街)하는 날에는 천동(天童)[382]을 모두 동궁(東宮)에서 갖춰 지급하고, 삼관에서 연회할 때는 반감(飯監)[383]과 각 색장(色掌)[384]이 모두 찬물(饌物)을 가지고 오니 영화가 지극했다. 덕종께서 일찍 승하하시니 첨지가 전례대로 승진되어 당상관이 되었다. 그러나 이때부터 군직(軍職)으로 떨어지고 말았다. 상서(上書)해 덕종을 도와서 많은 사랑을 받은 일 등을 말했으나, 성종께서 돌보지 않으시고 총애를 희망하는 것이라 하

---

382) 천동 : 옛날 절강성(浙江省) 천동산(天童山) 가까운 태백산(太白山) 속에 진(晉)나라의 승려 의흥(義興)이 절을 짓는데 한 동자(童子)가 날마다 와서 땔나무와 물을 공급하더니 뒤에 "나는 태백성(太白星)이다"라 하고 홀연히 사라졌다. 여기에서는 이 고사를 인용해 세자(世子)가 새로 급제한 최세원에게 여러 가지를 공급한 일을 표현한 것이다.

383) 반감 : 조선시대에 궁중에서 음식물과 물품의 진상을 맡아보던 벼슬아치.

384) 색장 : 일을 맡아보는 계원(係員). 가령 각 궁전의 주색(酒色)이니 다색(茶色)이니 하는 것과 같다.

여 끝내 발탁하지 않았다. 그리하다가 첨지가 원한을 품은 채 죽었으니, 이것으로 미루어 보면 때를 만나고 만나지 못함과 벼슬하지 못함이 모두 천운이라 하겠다.

승과(僧科)

문무과(文武科)에서 동시에 방(榜)을 같이한 자를 동년(同年)이라고 한다. 잡과(雜科)와 승시(僧試)의 선과(禪科)[385]인 자도 또한 문무과를 동년이라고 한다. 이는 끌어다가 문무과와 같게 한 것이다. 그 시법(試法)은 선종(禪宗)[386]에서는 《전등록(傳燈錄)》[387]과 《염송(拈頌)》[388]을 강하고, 교종(敎宗)[389]에서는 《화엄경(華嚴經)》[390]을 강

---

385) 선과 : 승려들에게 보이는 과거 시험.

386) 선종 : 선정(禪定)을 닦아 심성(心性)의 깨달음을 얻는 것을 종지(宗旨)로 하는 종파.

387) 전등록 : 《경덕전등록(景德傳燈錄)》의 준말. 송(宋)나라의 승려 도원(道源)이 지은 책으로, 석가(釋迦) 이래 선종의 법맥(法脈)을 차례로 기록한 책이다.

388) 염송 : 《선문염송(禪門拈頌)》의 준말. 고려 고종(高宗) 때 진각국사(眞覺國師) 혜심(慧諶)이 엮은 것으로서 본래 선문(禪門)에서는 불립문자(不立文字)라고 하나 근원을 얻으려면 흐름을 찾아야 한다고 해, 모든 불조(佛祖)가 염(拈)하고 송(頌)한 것을 약 1만 1254칙(則)으로 모아 오종논도(悟宗論道)에 대한 자료로 한 것이다.

389) 교종 : 불교의 교리(敎理)를 중심으로 하는 종파.

390) 화엄경 : 《대방광불화엄경(大方廣佛華嚴經)》의 준말. 불경(佛經)의 한 가지로, 크고 방정(方正)하고 넓은 이치를 깨달은 부처의 꽃같이

해 각각 30명을 뽑는다. 전에는 내시별감(內侍別監)이 명을 받들고 갔는데, 지금은 예조낭청(禮曹郎廳)이 간다. 그 종(宗)에 가서 판사(判事)[391] · 장무(掌務) · 전법(傳法) 3명과 증의(證義) 10명이 함께 앉아 시취(試取)한다. 뇌물을 판사와 증의에게 바치면 합격하고, 뇌물을 바치지 않으면 비록 능력이 있고 명망이 있는 자라도 합격하지 못한다. 그들이 사사로움을 따르고 욕심이 많은 것은 세상 사람들보다 더 심하다. 합격한 사람은 대선(大禪)이라 한다. 선종에서는 대선에서 중덕(中德)으로, 중덕에서 선사(禪師)로, 선사에서부터 올라 대선사(大禪師)가 된다. 판사에 임명된 자를 도대선사(都大禪師)라 한다. 교종에서는 대선에서 중덕이 되고, 중덕에서 대덕이 되며, 대덕으로부터 올라 대사(大師)가 된다. 판사에 임명된 자는 도대사(都大師)라 한다.

양종(兩宗)에서는 내외의 절을 각각 15개씩 나누어 관장한다. 중덕에 오른 자는 주지(住持)[392]로 추천해 임명한다. 선종 교종에서 삼망(三望)[393]을 갖추어 예조에 올

장엄한 경(經)이라는 뜻이라고 한다.

391) 판사 : 불교의 한 종파(宗派)의 일을 총판(總判)하는 우두머리인 승려의 벼슬이다. 판선종사(判禪宗事), 판교종사(判敎宗事)의 약칭.

392) 주지 : 한 절을 주관하는 승려.

리면, 예조는 이조에 옮겨 입계(入啓)해 낙점(落點)[394]을 받는다.

393) 삼망 : 관원(官員)의 후보자를 추천할 때에 후보자 세 사람을 선정하는 일이다.

394) 낙점 : 관원을 선임할 때 삼망의 후보자 가운데 한 사람 이름 위에 임금이 친히 점을 찍어서 뽑는 것을 말한다.

독서당(讀書堂)

세종이 집현전의 유신(儒臣) 중에서 신숙주(申叔周) 등 두어 명을 뽑아 휴가를 주어 진관사(津寬寺)에서 독서하게 했다. 그 후에는 홍익성(洪益城)[395] · 서달성(徐達城)[396] · 이명헌(李明憲) 등 여러 명을 장의사(藏義寺)에서 독서하게 했다. 세조가 집현전을 혁파하고 유신으로 유명한 자를 뽑아 겸예문(兼藝文)이라 했다. 맡은 일은 다만 궁궐에서 치도(治道)를 논하든가, 그렇지 않으면 정사를 의논케 했다. 여기에 뽑힌 사람이 많았다. 성종이 다시 홍문관(弘文館)을 설치했으니, 채기지(蔡耆之) · 허헌지(許獻之) · 조태허(曹太虛)[397] · 권숙강(權叔强) · 양사행(楊斯行) · 유극기(兪克己) 등이 명을 받아 장의사에서 독서했다.

옛날에 남호(南湖)의 귀후서(歸厚署)[398] 뒤 언덕에 절

395) 홍익성(1428~1492) : 홍응(洪應)을 지칭한다.

396) 서달성(1420~1488) : 서거정(徐居正)을 지칭한다.

397) 조태허(1454~1503) : 조위(曺偉)를 지칭한다.

398) 귀후서 : 조선시대에 장례에 관한 사무를 보던 관아를 말한다.

이 있었다. 세상에서 16나한(十六羅漢)이 영험이 있다 하여 향화(香火)가 끊이지 않았다. 중 상운(尙雲)이 그 절에 거처할 때 아내를 얻어 아들을 낳았는데, 사헌부가 중에게 죄를 신문해 처벌하고 속인으로 돌아가게 했으며, 불상은 흥천사(興天寺)로 옮겼다. 그리고 그 절을 홍문관에 주었다. 홍문관 관원들이 번을 나누어 책을 읽게 하고 독서당(讀書堂)이라 이름 지은 것이다. 조정 선비로 구경하러 와서 노는 사람들은 술을 가지고 오는 자가 많았다. 임금도 가끔 술과 음식을 하사해 잔치를 베풀게 하고 위로하는 일이 지금까지도 변하지 않고 있다.

도성 밖의 원교(院橋)

도성 밖 3면에 4개의 큰 원(院)이 있는데, 세조가 재간 있는 중에게 명해 이를 수축(修築)했다. 보제원(普濟院)은 동대문 밖에 있다. 3월 상사(上巳)와 9월 중양(重陽)에는 누 위에서 기로(耆老)[399]와 재추(宰樞)들에게 연회를 베풀었다. 홍제원(洪濟院)은 사현(沙峴) 북쪽 교외에 있다. 들 가운데 높은 언덕이 있고, 푸른 소나무가 그 위에 가득 찼으며, 위에 조그마한 정자가 있다. 천사(天使)[400]가 들어오는 날에는 이 정자에 머물러 옷을 갈아입었다. 그 뒤 정자가 허물어지자 지금은 천사가 원(院)에서 쉰다.

제천정(濟天亭)은 한강 북쪽 언덕 위에 있다. 경치가 뛰어나서 유람하려는 천사는 우선 이 누에 오르며, 진신(縉紳)[401]으로서 객을 영송하는 사람들이 날마다 모여든다.

---

399) 기로 : 70세 이상의 노인을 말하는데 여기에서는 기로소(耆老所)의 노인들을 가리킨 것이다. 기로소는 고령(高齡)의 임금과 정2품 70세 이상의 문관들을 양로(養老)하는 곳이다.

400) 천사 : 예전에, 제후국에서 천자(天子)의 사자를 이르던 말.

401) 진신 : 지위가 높고 행동이 점잖은 사람을 말한다.

사평원(沙平院)은 한강의 남쪽 모래 언덕에 있다. 지세가 낮아 날이 저물어서 강을 건너지 못하는 행인들이 자고 가는 곳이다.

양화도(楊花渡) 북쪽 언덕에는 희우정(喜雨亭)이 있다. 효령대군(孝寧大君)의 집이었다가 나중에 월산대군(月山大君)의 소유가 되었다. 성종이 해마다 농형(農形)을 살필 때와 세함(稅艦)[402]을 모아 수전(水戰)을 익힐 때면 친히 행차했으며, 이름을 바꾸어 망원정(望遠亭)이라 했다. 어제시(御製詩) 몇 수를 문명(文名) 있는 조신에게 명해 모두 차운하게 하여 현판을 정자에 둘러 걸게 했다. 대군(大君)이 죽은 뒤로는 성종이 정자에 가지 않았다. 가끔 제천정(濟天亭)에 행차했으나 정자가 좁은 까닭으로 다시 짓게 했다. 어떤 중이 전관교(箭串橋)를 축조할 때 많은 돌을 채벌해 대천을 가로질러 다리를 만들었다. 다리가 3백여 보를 넘고 편안하기가 집과 같았으며, 행인들은 평지를 밟는 것 같았다. 성종이 그 중을 유능하다고 여겨 정자를 축조하도록 명했다. 관력(官力)을 번거롭게 하지 않으려고 미포(米布)를 많이 급여했는데, 중은 낭비만 하고 수년이 되어도 준공하지 못하고 겨우 기둥과 대마루만 세웠다. 성종이 끝내 올라가 보지 못

402) 세함 : 세(稅)로 바친 미곡을 실어오는 배다.

해 여러 신하들이 슬퍼했다. 그 뒤에 천사 왕헌신(王獻臣)이 올 때 조정에서는 수축을 마치고 단청을 했다. 그 뒤에 전교(箭郊)에 큰 다리를 만들어 제반교(濟盤橋)라 했다. 또 동대문 밖 왕심평(王尋坪)에 큰 다리를 구축해 영도교(永渡橋)라 했다. 모두 어필(御筆)로 정한 것이다.

기로연(耆老宴)과 기영회(耆英會)

조정에서는 매년 3월 상사(上巳)와 9월 중양(重陽)마다 기로연(耆老宴)을 보제루(普濟樓)에서 베풀고, 또 기영회(耆英會)를 훈련원(訓鍊院)에서 베풀어 모두 술과 음악을 하사했다. 기로연에는 전직 당상(堂上)이 가서 참례하고, 기영연에는 70세가 된 2품 이상의 종재(宗宰)와 정1품 이상 및 경연당상(經筵堂上)이 가서 참례했다. 예조판서는 모든 일을 고찰해 연회를 관리하고, 승지도 명을 받들어 간다. 편을 나누어 투호(投壺)[403]를 하여 이기지 못한 자는 술잔을 가져다가 이긴 자에게 주고, 읍(揖)하고 서서 마신다.

악장(樂章)을 연주하고 술을 권해 드디어 연회를 연다. 크게 사죽(絲竹)[404]을 펴 각각 차례로 술잔을 전해 마신다. 반드시 취한 다음에야 끝낸다. 날이 저물어 서로 부축해 나오니, 이 연회에 참석하게 된 것을 모두 영광으로 여겼다.

---

403) 투호 : 화살을 던져 병 속에 넣는 놀이의 한 가지다. 두 사람이 상대가 되어 청(靑) · 홍(紅)의 화살을 던져 병 속에 넣는다. 많이 넣은 편이 이긴다.

404) 사죽 : 관악기를 말한다.

제액(題額)

글씨 잘 쓰기도 어렵지만 제액(題額)은 더욱 어렵다. 제액에 있어서는 조자앙(趙子昂)의 필법도 이설암(李雪菴)에게 양보했거늘, 하물며 자앙(子昂)에 미치지 못하는 사람에 있어서랴. 우리나라 공민왕(恭愍王)이 쓴 강릉(江陵) 임영관(臨瀛館)과 안동(安東) 영호루(映湖樓)는 참으로 노건(老健)해 보통 사람들이 따를 바가 아니다. 강릉의 임영관은 요즈음 화재를 입어 액자를 잃었으니 아까운 일이다.

내가 개경(開京) 안화사(安和寺)에 갔을 때 전액(殿額)을 보니, 바로 송(宋)나라 휘종(徽宗)이 쓴 것이요, 문액(文額)은 채경(蔡京)[405]의 글씨였다. 비록 모두 군신(君臣)으로서 도를 잃은 사람이지만 연대가 오래되고 필법이 묘한 것은 보물이라 할 만하다.

서인 용(瑢)[406]이 쓴 대자암(大慈菴) · 해장전(海藏

405) 채경(1047~1126) : 중국 북송(北宋) 말기의 정치가, 재상, 서도가.

406) 용 : 안평대군(安平大君)을 지칭한다.

殿) · 백화각(白華閣)의 글자는 기운이 왕성해 날아 움직일 것 같다. 또한 훌륭한 보물이다. 지금 모화관(慕華館)[407]은 신 제학(申提學)[408]이 쓴 것인데 비록 용만은 못하나 역시 볼만하다. 우리 백씨가 쓴 경복궁(景福宮) 문전의 액자는 설암을 모방한 것이지만 치밀하고 법이 있어 사람들이 모두 아름답다고 한다. 정국형(鄭國馨)이 쓴 창덕궁(昌德宮)의 제전(諸殿) · 제문(諸門)의 액자는 자체(字體)가 바르지 못하고 짜이지 못해 어긋난 데가 많다.

---

407) 모화관 : 조선시대 때 중국 사신을 영접하던 곳이다.

408) 신 제학(1382~1433) : 신장(申檣)을 지칭한다. 신장은 조선 초기의 문신으로 오래 대제학을 맡아 당시 유학에 통달한 학자로 추앙되었다.

역대의 명장(名匠)

장인(匠人)의 소임은 비록 천하지만 성품이 공교한 사람이라야 할 수 있다. 그런 까닭에 세상에서 그런 사람이 드물다. 국초에 환자(宦者) 김사행(金師幸)과 세종조에 이천(李蕆)과 장영실(蔣英實)이 있었다. 천(蕆)은 벼슬이 2품에 이르렀다. 그 뒤에 김우묘(金雨畝)와 이명민(李命敏)이 있었다. 이명민은 창덕궁의 인정전(仁政殿)을 감독해 지었다. 계유(癸酉)의 난[409]에 죽었다. 세조조에는 김개(金漑)가 제조(提調)가 되었으며, 최근에는 김극련(金克鍊)과 임중(林重)이 감역(監役)이 되었다. 지금은 김영우(金寧雨)와 이지강(李止堈)이 그 임무에 능숙하다.

409) 계유의 난 : 수양대군(首陽大君)이 왕위를 찬탈하기 위해 전조 때부터 내려오는 원로(元老)인 신하들을 없애기 위해 꾸며낸 사건. 표면의 이유는 안평대군(安平大君) 용(瑢)을 중심으로 김종서(金宗瑞), 황보인(皇甫仁) 등이 역모했다고 내세웠다.

용재총화 권10(慵齋叢話 卷之十)

도자기

사람이 사용하는 물건 가운데 도기(陶器)가 가장 긴요하다. 지금의 마포와 노량진 등은 모두 진흙 굽는 것을 업으로 삼고 있다. 도기는 질그릇 · 항아리 · 독 따위다. 자기(磁器)와 같은 것은 백토를 써서 정밀하게 구워 만들어야 사용하기가 좋다. 지방 각 도에 만드는 사람이 많이 있으며, 고령(高靈)에서 만드는 것이 정교하다고 하나 광주(廣州)의 것이 더 정묘하다. 해마다 사옹원(司饔院)의 관원을 좌우편으로 나누어 각각 서리를 인솔하고 봄부터 가을까지 만드는 것을 감독해 어부(御府)[410]에 보내게 한다. 그리고 그들의 공로를 기록해 등급의 차례를 정해 뛰어난 사람에게는 상으로 물품을 하사한다.

세종 때 임금이 사용하는 그릇은 오로지 백자를 썼다. 세조 때 이르러서는 채색한 자기를 섞어서 썼다. 회회청(回回靑)[411]을 중국에서 구해 술병과 술잔에 그림 그리는

---

410) 어부 : 임금의 물건을 넣어두는 곳이다.

411) 회회청 : 도자기에 사용하는 푸른 안료. 회회교(回回教 : 이슬람교)를 믿는 아라비아 지방에서 생산되는 물감이라는 뜻인 것 같다.

것이 중국과 다르지 않다. 그러나 회회청은 희귀해 중국으로부터 구해도 많이 얻을 수 없었다. 조정에서 의논하기를 "중국에서는 비록 궁벽한 촌의 조그만 오막살이 술집에서도 모두 그림 그릇을 사용하는데, 어찌 다 회청으로 그린 것이리오. 응당 다른 물건으로 그릴 만한 것이 있을 것이리라" 했다. 중국에 가서 물으니, 모두 말하기를 "이는 토청(土靑)[412]이다" 했으나 토청도 역시 구할 수가 없었다. 이 때문에 우리나라에서는 그림을 그린 사기그릇이 적다.

412) 토청 : 청자기에 쓰는 푸른 도료를 말한다.

예조청사(禮曹廳舍)

지금의 예조는 바로 예전의 삼군부(三軍府)[413]다. 삼봉(三峰) 정도전(鄭道傳)이 군국(軍國)의 중대한 일을 맡았을 때 의정부의 제도를 보고 말하기를 "정부와 군부는 일체다" 하고 그 제도에 의해 축조하니 홀연히 동서가 상대가 되어 청사의 웅장함이 다른 관부와 비할 바가 아니었다.

그 뒤에 삼군부를 폐지하고 중추원(中樞院)[414]을 두었으나 군무는 맡기지 않았다. 예조는 오례(五禮)[415]를 관장할 뿐 아니라, 또 다른 나라의 사신을 접대하는 곳으로서 임무가 중대해 그 부(府)를 예조로 삼고, 중추원은 도리어 예조의 남쪽 곁채에 있게 되었다.

---

413) 삼군부 : 조선 초기의 군무를 통할하던 관아.

414) 중추원 : 조선 초기 중앙 관청의 하나로서 출납(出納)·병기(兵機)·군정(軍政)·숙위(宿衛)·경비(警備)·차섭(差攝) 등의 일을 맡았다. 정종(定宗) 2년에 삼군부로 고쳤다가 태종(太宗) 9년에는 다시 중추원이라 했고 세조 12년에는 중추부로 고쳤는데 실권 없는 기관이 되었다.

415) 오례 : 길례(吉禮·祭禮)·흉례(凶禮·喪禮)·빈례(賓禮)·군례(軍禮)·가례(嘉禮)를 말한다.

궁궐 안팎의 샘과 못

경복궁 서쪽 가에 수맥(水脈)이 많다. 경회루의 못물은 비록 옛날의 곤명지(昆明池)[416] · 태액지(太液池)[417]라도 이보다 좋지 못할 것이다. 서문 밖에 샘이 있어 넘쳐흐르니, 맑고 차기가 얼음과 같아 사람들이 모두 쪽을 물들이므로 쪽샘[藍井]이라 불렀다.

예조의 우물도 맑고 깨끗하며 마르지 않고 흘러서 큰 못이 된다. 몹시 가물어도 한결같다. 그 못의 남쪽에 있는 조그마한 땅이 뾰족하게 중추부로 먹어 들어갔는데, 땅이 낮아서 물이 고이며 거칠고 잡초가 우거졌다. 지금 임금(성종) 기미년에 중추부에서 아뢰기를 "견아(犬牙)처럼 우리 관아에 들어왔으니 마땅히 분할해 우리 못으로 해야

---

416) 곤명지 : 한(漢)나라 무제(武帝)가 만든 연못. 섬서성(陝西省) 장안현(長安縣)의 서쪽에 있다. 한 무제는 이 못에서 수전(水戰)을 연습시켰다고 한다.

417) 태액지 : 연못 이름. 한(漢)나라의 태액지는 장안현(長安縣)의 서쪽에 있었으니 건장궁(建章宮)의 북쪽이고 미앙궁(未央宮)의 서남쪽이다. 당(唐)나라의 태액지는 장안현의 동쪽 대명궁(大明宮) 안에 있었다. 명(明)나라의 태액지는 북경의 서원(西苑) 안에 있었다.

겠습니다" 했다. 예조가 이르기를 "외국 사람을 대접하는 곳을 좁게 함은 불가하다" 하여 서로 다투었다. 임금이 승지와 내수(內豎)[418] 등에게 물어서 쪼개어 나누어주니, 중추부에서 그 땅을 파서 서지(西池)를 만들었다. 대청을 개축하고 대청에 연이어 서헌(西軒)을 만들고, 돌기둥을 물속에 세우니 아로새겨지는 그림자가 물결 위에 떨어졌다. 서쪽으로는 산봉우리가 높고, 훌륭한 집들과 나무가 빽빽해 풍경이 도성 안에서 제일이었다.

그 아래에 있는 사헌부와 옛날의 병조 · 형조 · 공조 · 장례원(掌隷院)에도 모두 못이 있어 연꽃을 심었다. 경복궁의 동쪽 가에 있는 의정부 · 이조 · 한성부 · 호조에도 못이 있으나 서쪽 못의 훌륭함만은 못했다.

---

418) 내수 : 내시를 가리킨다.

종이

세종이 조지서(造紙署)를 설치하고 표전지(表箋紙)[419]와 자문지(咨文紙)[420]를 감독해 만들게 했다. 또한 서적을 인쇄할 여러 가지 종이도 만들게 했다. 그 품종이 한 가지가 아니다. 고정지(藁精紙)[421] · 유엽지(柳葉紙) · 유목지(柳木紙) · 의이지(薏苡紙) · 마골지(麻骨紙) · 순왜지(純倭紙)가 모두 지극히 정묘했으며 인쇄한 서적도 역시 좋았다. 지금은 다만 고정지와 유목지뿐이다. 자문지 · 표전지도 옛날처럼 정묘하지 못하다.

---

419) 표전지 : 표문과 전문을 쓸 때 사용하는 종이인데, 표문(表文)은 소회(所懷)를 써서 제왕(帝王)에게 올리는 글이다. 경하(慶賀)의 경우에 쓰는 일이 많다. 전문(箋文)은 국가에 길흉이 있을 때에 올리는 사륙체(四六體)의 글이다.

420) 자문지 : 중국에 왕복하던 문서에 쓰는 종이를 말한다.

421) 고정지 : 함경북도에서 나는 귀리 짚으로 만든 황지다.

양잠

동잠실(東蠶室)은 성 동쪽의 아차산(峨嵯山) 밑에 있다. 환관이 주관한다. 요즘 새 잠실을 한강 아래의 원단동(圓壇洞)에 설치했는데, 또한 환관으로 하여금 주관하게 했다. 서잠실은 성 서쪽 십여 리 되는 곳에 있다. 곧 옛날의 연희궁(衍禧宮)이다. 별좌(別坐) 두 사람을 두어 맡겼다가 그 뒤에 별좌는 상의원(尙衣院)에 이속시켜 여름에는 누에를 치고 양잠(養蠶)을 마치고는 본원에서 일보게 했다.

동서 잠실에서 각각 고치를 쳐서 승정원에 바치면 공적의 많고 적음을 비교해 상을 주기도 하고 벌을 주기도 했다.

남강의 밤섬[栗島]에는 뽕나무를 많이 심어서 해마다 잎을 따서 누에를 쳤다. 옛날에는 도성 안의 큰 집 중에서 서너 집만 누에를 쳤는데, 지금은 큰 집뿐 아니라 비록 보잘것없는 조그마한 점방이라도 누에를 기르지 않는 집이 없다. 그래서 뽕잎이 매우 귀하게 되었으며, 뽕나무를 심어서 이익을 얻는 사람이 많다.

제단(祭壇)

제단(祭壇) 중에서는 사직(社稷)[422]이 가장 중하므로 도성 안에 두었다. 성 밖에 있는 것도 여러 곳인데, 선농단(先農壇)[423]은 동대문 밖 보제원(普濟院) 동쪽 고을에 있다. 거기에 관경대(觀耕臺)[424]가 있는데, 성종이 적전(籍田)[425]에 친경(親耕)할 때 여러 번 거동했다. 정월에 풍악을 올리며 제사 지낸다. 선잠단(先蠶壇)[426]은 동소

---

422) 사직 : 사(社)는 토지(土地)의 신(神), 직(稷)은 오곡(五穀)의 신이다. 사에는 구룡(句龍)을 배향(配享)해 제사하고, 직에는 후직(后稷)을 배향해 제사한다. 임금이 궁궐을 정하면 먼저 궁궐의 왼쪽에 종묘(宗廟), 오른쪽에 사직단을 만들어 제사한다. 나라가 있으면 사직이 있고, 나라가 없어지면 사직도 없어지기 때문에 사직이라는 말은 곧 국가(國家)라는 뜻과 통한다.

423) 선농단 : 중국 상고 시대의 신농씨와 후직을 제사하던 단이다. 서울 동대문 밖에 있다.

424) 관경대 : 적전(籍田)에서 임금이 친히 경작(耕作)을 보는 대(臺)다.

425) 적전 : 임금이 친경(親耕)하는 전지(田地). 친경은 임금이 몸소 경종(耕種)하는 것이다.

426) 선잠단 : 잠신(蠶神, 누에를 맡은 신)인 서릉씨(西陵氏)를 제사하는 곳이다.

문 밖에 있다. 3월에 풍악을 올리며 제사 지낸다. 원단(圓壇)[427]은 한강 서쪽 고을에 있다. 세조가 일찍이 가서 하늘에 제사 지냈다. 풍운뢰우단(風雲雷雨壇)[428]은 청파역(靑坡驛) 골짜기 어지러운 소나무 사이에 있다. 2월, 8월에 풍악을 올리며 제사 지낸다. 여제단(厲祭壇)[429]은 장의문(藏義門) 밖 장의사 골짜기에 있다. 한성부가 주관해 제사 지낸다. 마조단(馬祖壇)[430]은 성 동쪽의 교외에 있다. 사한단(司寒壇)[431]은 동빙고에 있다. 얼음을 저장할 때 춥기를 빌어 제사 지낸다. 용단(龍壇)[432]은 한강 가에 있다. 가물면 호랑이 머리를 물속에 던져 제사해 비를 빈

---

427) 원단 : 원구단(圓丘壇)과 같은 말이니 임금이 하늘에 제사 지내는 제단이다. 원형(圓形)의 제단이라는 뜻이다.

428) 풍운뇌우단 : 바람 · 구름 · 우레 · 비를 맡은 신에게 제사하는 제단이다.

429) 여제단 : 여귀(厲鬼)를 위무하기 위해 제사 지내는 제단이다. 여귀는 제사를 받지 못하는 악귀(惡鬼)다.

430) 마조단 : 마신(馬神)을 수호하는 방성(房星)을 제사 지내던 단이다. 서울 남교에 있었다.

431) 사한단 : 겨울이 너무 따뜻할 때 또는 눈이 너무 오지 않을 때 제사를 지내던 단이다.

432) 용단 : 용왕(龍王)을 제사하는 제단이다. 날이 가물 때에 범의 머리를 물에 던져놓고 제사해 비를 빈다.

다. 세초(歲抄)[433] 때마다 예조가 봉상시(奉常寺) 제조와 함께 자세히 살펴 보고하고 허물어진 곳이 있으면 수리한다.

433) 세초 : 특별히 처리하거나 권장(勸奬)을 요하는 일 등을 6월과 12월에 상주하는 것.

시문선집(詩文選集)

성삼문(成三問)이 살아 있을 때 우리나라 사람의 글을 엮어 《동인문보(東人文寶)》라 이름 붙였는데, 완성하지 못한 채 죽었다. 김종직(金宗直)이 뒤를 좇아 완성해 《동문수(東文粹)》라 했다. 그러나 김계온은 글이 변화한 것을 싫어해 온자(醞藉)[434]한 글만 취했다. 비록 규범에 뜻을 두었으나 메마르고 기세가 없어서 볼만한 것이 없다. 그가 엮은 《청구풍아(靑丘風雅)》도 시(詩)가 문장과 같은 것은 아니지만, 조금이라도 호방(豪放)한 것은 버리고 기록하지 않았다. 이는 무슨 고지식하고 변통성 없는 편견인가. 서거정이 엮은 《동문선(東文選)》도 유취(類聚)[435] 한 것일 뿐이고, 골라 모은 것은 아니다.

---

434) 온자 : 아담하고 얌전함.

435) 유취 : 종류에 따라 모음.

삼포 왜인(三浦倭人)

고려 말에는 왜구가 가득 찼는데 바닷가 사면에 군진(軍鎭)을 두어 방비하는 곳이 없었기 때문이었다. 태조가 개국한 이후로는 항구의 중요한 곳에 모두 만호영(萬戶營)을 두고 수군처치사(水軍處置使)가 거느리게 했다. 이로 말미암아 왜구가 점차 없어졌다. 그 뒤에 왜구가 또 침입하므로 세종이 삼군에 명령해 대마도를 정벌하게[436] 했다. 비록 크게 승리하지는 못했으나, 왜도 또한 위세를 두려워해 감히 방자하게 굴지 못했다.

왜인 두어 가구가 있어 삼포(三浦)[437]에 살고자 했다. 세종이 그들이 의(義)를 사모함을 가상히 여겨 허락했다. 허조(許稠)가 울며 간하기를 "왜구들은 금방 신하라고 칭

---

436) 대마도 정벌 : 여기서는 세종 원년(1419)의 대마도 정벌을 말하고 있다. 1418년에 대마도에 흉년이 들어 도민(島民)들이 우리의 비인(庇仁) · 해주(海州)의 연안에 와서 약탈을 감행했다. 우리나라에서는 그것이 대마도의 새 도주(島主) 종정성(宗貞盛)이 시킨 것이라고 하여 1419년 6월에 유정현(柳廷顯)으로 하여금 삼남(三南)의 병선 227척, 병사 1만 7천 명을 거느리고 가서 공격하게 했다. 그리하여 대마도에 심대한 타격을 주고 회군했다.

437) 삼포 : 능산의 제포와 동래의 부산포, 울산의 염포를 말한다.

했다가 금방 반란을 일으키니 그 마음을 헤아릴 수 없습니다. 어찌 어류나 패류(貝類)와 같은 천한 무리로 하여금 우리 의상을 갖추는 사람들과 대하게 할 수 있겠습니까. 훗날 이[齒]가 나서 점점 번성해지면 응당 나라의 큰 해가 될 것입니다" 했다. 죽음에 임해 재삼 상계(上啓)하되 "청하건대 아직 번성해지기 전에 아주 이를 돌려보내십시오" 했다. 그때는 사람들이 모두 허조의 말을 심상한 일이라 하여 별로 이상하게 여기지 않았다. 지금 삼포에 도모하기 어려운 폐해가 만연하고 있는 연후에야 그의 선견지명에 탄복했다.

조정에서 항상 도주(島主)[438]에게 타일러 돌아가게 했으나 돌아간 것은 3~4호에 지나지 않았다. 갔다가도 다시 돌아와서 점점 우리 땅을 경작해 농사지으며, 아롱진 옷[斑衣][439]이 변두리 여러 읍에 가득했다. 때로는 우리 백성과 서로 다투며, 몰래 전라도로 가서 사람들에게 해를 입히는 것은 모두 삼포의 왜인이었다.

대마도는 토지가 단단하고 메말라 오곡이 생산되지 않고, 다만 구맥(瞿麥)[440]을 심는다. 사람들은 모두 칡과 고

---

438) 도주 : 조선시대에 대마도의 영주(領主)를 이르던 말.

439) 아롱진 옷 : 왜인들의 복색을 말한다.

사리 뿌리를 캐어 먹고 산다. 도주도 또한 삼포에서 세를 거두어 이로써 생활을 이어갔다. 대마도에 사는 사람으로서 우리나라 벼슬을 받아 호군(護軍)에 임명된 자가 해마다 한 번씩 내조(來朝)한다. 한 해에 내조하는 배가 무려 50척이나 되었다. 오면 몇 달 동안 머물러 있고, 또 격왜양료(格倭糧料)[441]를 받아 이것으로 그들의 처자를 부양한다. 이 때문에 경상하도(慶尚下道)의 미곡은 태반이 왜의 양식으로 소모되었다.

---

440) 구맥 : 패랭이꽃을 한방에서 이르는 말.

441) 격왜양료 : 왜관(倭館)에 와 있는 일인에게 주는 양식.

여의(女醫)의 비술(秘術)

조정에서 각 관사와 고을의 나이 어린 여종을 뽑아서 혜민서(惠民署)에 속하게 하고, 의서(醫書)를 가르쳤다. 이들을 여의(女醫)라 이름 하고 이들로써 부인의 병을 고쳤다.

한 여의가 제주에서 왔는데, 의술은 알지 못하고 다만 충치를 뽑았는데 사대부 집에서 다투어 맞이해 갔다. 그 여자가 죽으니 다른 한 여자에게 그 업을 전했다. 나도 또한 불러다가 이를 치료하니, 얼굴을 위로 하여 입을 열게 하고, 은 숟가락으로 작은 흰 벌레를 긁어내는데 숟가락이 이 사이에 들어가지 아니하고, 이에서 피도 나지 않았다. 그 쉬운 것이 이와 같았다. 이 기술을 다른 사람에게 전하지 아니해 조정에서 죄를 다스려도 오히려 고하지 아니했다. 이는 반드시 환술(幻術)이요, 정업(正業)[442]이 아닐 것이다.

---

442) 정업 : 정상적인 일.

일본의 풍속

일본국에는 황제가 있고 국왕이 있다. 황제는 궁중에 깊이 파묻혀 하는 일이 없다. 다만 아침저녁으로 하늘에 절하고 해에 절할 따름이다. 세상에서 권력이 없으면서 존귀한 자를 왜황제라 부른다. 국왕이 오로지 국가의 정치를 주관하고 처리한다. 그러나 대신들이 있어서 각각 병사를 가지고 땅을 나누어 웅거한다. 때로는 반란을 꾀하고 명령에 거역해도 왕이 이를 제지하지 못한다. 좌우무위전(武衛殿)·경극전(京極殿)·전산전(畠山殿)·세천전(細川殿)·대내전(大內殿)·소이전(少二殿)과 같이 그 종류가 매우 많다.

황제와 국왕의 자식은 오직 장자(長子)만 아내를 얻어 대를 잇는다. 그 나머지는 모두 중이나 여승이 되었는데, 그 존귀함으로 말미암아 하인과 결혼하지 못했다.

그 나라의 국토는 바다에 둘러싸여 있다. 영토가 아주 넓으니 구주(九州)·일기주(一岐州)·대마주(對馬州)와 같은 것은 모두 섬이지만 땅이 매우 넓다. 그 나라 풍속에는 남녀가 모두 얼룩얼룩한 옷을 입어 그 모양이 분별이 없다. 여자는 북상투 쪽진 것[髽] 같은 머리를 하여 어깨를 덮고, 남자로서 중이 된 사람은 머리를 깎았는데, 갓과 옷은 우리나라 중과 같다. 중이 되지 않은 사람은 머리를 깎지 않는다. 머리를 엮어 상투를 만들고 상투 위에 조그만 갓을 쓴다. 머리와 이마를 반만 깎은 사람이 있고, 반반씩 깎은 사람이 있어서 이로써 그 벼슬을 분간했다. 그 옷에 모두 초목과 새와 짐승을 그려놓았다. 그런 까닭으로 얼룩덜룩하다. 상하의에 모두 소매가 있다. 두 발로써 두 소매를 꿰어 입고 땅을 끌며 보행한다. 서로 싸울 때는 소매를 띠[帶] 사이에 꽂고 칼을 가지고 나온다. 존귀한 사람을 보면 발을 벗고 땅에 꿇어앉아 절을 한다.

그 나라에는 채찍과 가시나무로 종아리 치는 형벌이 없다. 죄가 가볍고 무거움이 없이 다만 목 베어 죽일 뿐이다. 비록 무거운 죄인이라도 절(寺)로 들어가면 죄를 면했다. 사람마다 쇠를 얻어 어릴 때부터 칼을 만든다. 거듭 단련해 거리에 나가 사람 베는 것을 시험한다. 비록 죽는 사람이 삼(麻)처럼 많아도 상례(常例)라 여기고 불문에 부쳤다. 중이 되면 해를 가할 수 없다. 그러므로 중을 귀하게 여겼다. 사람이 죽으면 판자로 관을 만들어 앉은 채 매장하며, 봉분을 하거나 나무를 심지 않아 평지와 다름이 없었다.

그들의 풍악도 별다른 것이 없다. 한 손으로 조그마한 북을 잡고, 한 손으로 이것을 쳐서 절조를 삼는다. 춤추는 사람은 부채를 잡고 몸을 돌려 춤을 춘다. 만약 국왕의 사신이 오면 상(上)이 정전(正殿)에서 두 번 접견하고, 예조도 또한 두 번 전(殿)에서 잔치한다. 우두머리 추장의 사송(使送)과 대마주(對馬州)의 특송(特送)일 경우에는 상이 편전에서 한 번 접견하고 예조가 두 번 잔치한다. 보통 왜인이면 예조가 한 번 잔치할 뿐이다.

비록 군신의 분별이 있다 하더라도 우두머리가 되는 추장이 국왕의 명령을 거절하면 국왕이 이를 제지하지 못한다. 또 국왕 사신이 대마도에 이르면 도주가 반드시 세금으로 뇌물을 받고, 그렇지 아니하면 가둬두고 보내지 않았는데, 이는 이른바 머리가 오히려 아래로 가고 발이 반대로 위에 올라온 격이다.

만약 대장경(大藏經)을 청해 이를 얻으면 사람마다 머리 위에 이고 말하기를 "풍속이 순후하고 아름다우니 태평을 가할 것이다" 했다. 또 그들이 요구하는 것은 논어 · 법화경 · 삼체시(三體詩) · 우황(牛黃) · 호피(虎皮) · 요발(鐃鈸)[443]이다. 그들은 노루 · 사슴 · 소 · 돼지를 전혀 먹지 아니한다. 다만 개[狗] 먹기를 좋아하고, 또 잉어를 즐겨 먹는데 "이것이 제일 맛있다"고 한다.

---

443) 요발 : 불교 의식에서 쓰는 악기다.

야인(野人)의 풍속

야인(野人)이 우리 평안도와 접경한 곳을 건주위(建州衛)라 하고, 우리 영안도와 접경한 곳을 모린위(毛獜衛)라 한다. 또 우리 성 밑에 의지해 사는 사람들도 있어서 그 종류가 하나가 아니다. 매년 겨울에 상경해 바치는 것은 다만 수달피 몇 벌이다. 조정에서는 붉고 검은 면포로써 보답한다.

그들이 우리의 벼슬에 임명된 자는 사맹(司猛)으로부터 사정(司正)·사과(司果)·사직(司直)·호군(護軍)이 되고, 통정(通政)·가정(嘉靖)·자헌(資憲)에 승진되어 그친다. 새로 당상관에 임명된 자에게는 옥관(玉貫)[444]·품대(品帶)[445]·승상(繩床)[446]을 주며, 또 예에 따라 봉록

444) 옥관 : 옥으로 만든 망건 관자를 말한다.

445) 품대 : 관복(官服)의 띠. 벼슬의 품등(品等)에 따라 서대(犀帶)·금대(金帶)·학정금대(鶴頂金帶)·은대(銀帶)·오각대(烏角帶) 등이 있다.

446) 승상 : 걸상처럼 된 물건인데, 접었다 폈다 할 수 있게 만들었다. 높은 벼슬아치가 하인에게 들려 가지고 다니다가 길에서 깔고 앉기도 하고, 말 탈 때에 디디기도 했다.

을 준다. 조금이라도 마음에 맞지 아니하면 고신(告身)447)을 찢어 뜰에 던져버린다. 벼슬이 비록 높고 낮음이 있으나 상하의 분별이 없고, 취하면 서로 싸우고 헐뜯고 주먹으로 서로 때린다. 그들의 본토에 있을 때는 비록 둔사(屯四)448)의 장이라 하더라도 역시 서로 공경하지 않고, 다만 원수를 갚는 것만을 일로 삼는다. 비록 여러 대가 되어도 잊지 않고 마음에 새겨두었다가 서로 전해 군사를 일으켜 싸운다. 그 군사들은 모두 돈을 주어 불러오는 까닭으로 죽는 자가 있으면 모두 재물로써 보상한다.

겉으로는 아주 사모하는 듯하나 속으로는 실로 굳세고 강해 항상 몰래 훔칠 마음을 품는다. 만약 우리나라 백성으로서 들에서 농사짓는 사람을 보면 잡아가서 서로 돌려 팔고 사며, 이로써 생업의 밑천으로 했다.

그들의 혼인에 있어서는 소와 말 수십 마리를 바치고, 혼인을 약정할 때는 이웃 사람이 모두 모인 곳에서 신부를 잘 단장시켜 나와서 뵙게 한다. 또 나이 어린 여자를 단장해 인속(引屬)이라 부른다. 인속은 신부에게 예도를 가르쳐준다. 큰 상자를 가지고 손님 앞에 나아가 절하면 손님

447) 고신 : 직첩(職牒)과 같다. 벼슬아치의 임명 사령장(辭令狀)이다.

448) 둔사 : 병전(兵田)을 가리킨다.

은 다소를 논하지 않고 의복 혹은 포물을 상자에 던져준다. 이것으로 신부의 자산을 도와주는 것이다. 형이 죽으면 반드시 형의 아내를 처로 삼되, 아우의 처는 아내로 삼지 못한다. 모두 "아우는 내 아들과 같은데, 어찌 아들의 아내를 내 아내로 삼을 수 있는가. 형은 내 아버지와 같으니 아버지의 물건을 자식이 어찌 이어받지 못하겠는가"라고 말한다. 형이 살아 있을 때도 형의 아내를 취하는 자가 있다. 그 형이 사냥을 나가서 아우가 그 어머니 및 형의 아내와 더불어 한 방에 있을 때 동생이 욕심이 있으면 형수에게 말하기를 "형수여, 형수여, 원하건대 따뜻하고 부드러움을 빌려주십시오" 한다. 형수 역시 거절하지 아니하고, 청을 들어준다. 만약 거절하면 그 어머니가 말하기를 "사람이 모두 그러하는데 너는 무엇 때문에 불손하냐" 한다. 아우 또한 때리고 핍박해 간통한다. 혹 진실로 사랑을 두게 되면 그 형을 쏘아 죽인다. 형의 자식이 또 말하기를 "무슨 까닭으로 우리 아버지를 죽이느냐" 하고 또 그 작은 아버지를 쏘아 죽이니 이로 말미암아 원수 갚는 것이 그치지 않는다.

사람을 장사 지낼 때는 구멍을 뚫어 시체를 그 가운에 던지고 돌을 쌓아 무덤을 만든다. 술과 밥을 베풀어 제사를 지낸 뒤에 술과 밥을 구멍에 뿌려 던져서 시체와 서로

접하게 한다. 또 평생에 사랑하던 말을 무덤 앞에 매어두며, 화살통을 그 위에 걸어둔다. 그것이 녹아 없어지기를 기다려 사람이 감히 거두지 못한다.

깊은 곳에 사는 야인은 어버이가 늙어서 잘 걷지 못하면 자식이 성찬을 베풀어 대접하고 말하기를 "아버지, 곰이 되고 싶습니까. 호랑이가 되고 싶습니까. 아버지의 원하는 대로 따르겠습니다" 한다. 가죽을 꿰매어 주머니를 만들어 아버지를 주머니 속에 넣어 나무에 걸어놓고 활을 쏜다. 화살 한 발로 죽게 하는 것을 참된 효자라고 한다.

이정보(李廷甫)의 졸필

첨지(僉知) 이정보(李廷甫)가 글자를 잘 쓰지 못해 글자가 행(行)을 이루지 못했는데, 동부승지를 배해 계(啓)를 올릴 적에 끝에 의윤(依允)[449] 두 자와 임금의 이름을 썼는데, 성종이 이것을 보고 전교하기를 "승지가 스스로 쓰지 아니하고 어린 아전을 시켜 쓴 것이냐" 했다. 승지 등이 계를 올려 아뢰기를 "이것은 동부승지가 스스로 쓴 것이며, 대신 쓴 것이 아니옵니다" 했다. 또한 전교하기를 "글하는 집 자손으로 문지(文地)에 출신해 어찌 이와 같이 졸하냐" 하고 드디어 명해 "시를 지어 함께 써서 바쳐라" 하니 보는 사람이 모두 웃었다.

449) 의윤 : 상주(上奏)한 것을 윤허(允許)하는 것이다. 상주에 따라 허가하는 것이라고도 한다.

귀화인 설장수(偰長壽)의 가문

사문 설장수(偰長壽)는 대원(大元) 사람이다. 그의 아비 손(遜)이 원말(元末)에 피난해 왔으므로, 조정에서 벼슬을 주었다. 시문에 능해 《근사재집(近思齋集)》이 세상에 나왔다. 사문은 청주 임인과(壬寅科)에 급제해 벼슬이 2품에 이르고, 공양왕을 도와서 9명 공신의 반열에 들었다. 그 뒤 조선조에 들어와서 죄를 얻어 귀양 갔다가 죽었다. 또한 시문에 능해 《예재집(藝齋集)》이 세상에 나왔다. 손수 《목은집(牧隱集)》을 썼는데 그 필법이 굳세어 규범이 있었다. 사문은 동생 미수(眉壽)와 경수(敬壽)가 나란히 병진과(丙辰科)에 급제했다. 미수는 벼슬이 2품에 이르렀다. 경수의 아들 순(循)은 무자과(戊子科)에 급제하고, 또 정미년 중시에 급제해 벼슬이 2품에 이르고 문명이 있었다. 설씨는 다른 나라 사람으로 부(父)·자(子)·손(孫)이 서로 이어서 높은 벼슬을 했다. 지금은 그 후예가 드물다.

귀화인 명승(明昇)과 진리(陳理)

태조 고황제(高皇帝)[450]가 촉한(蜀漢)을 쳐서 평정할 때, 위주(僞主) 명옥진(明玉珍)[451]의 아들 승(昇)과 진우량(陳友諒)[452]의 아들 이(理)가 모두 우리나라로 쫓겨서 왔다. 명 태조가 조서를 내려 말하기를 "그들에게 벼슬을 주지 말고 백성으로 삼지도 말라" 했다. 우리나라에서는 초가집과 노비를 주어 편안히 대접하게 했다.

승이 옥진의 뒤를 이어 황제라고 칭하다가 나이 9살에 붙잡혀 우리나라에 왔던 것이다. 승의 어머니는 일찍 황

---

450) 태조 : 명(明)나라 태조 주원장(朱元璋)을 말한다.

451) 명옥진 : 원(元)나라 말년 수주(隋州) 사람. 키가 8척이나 되고 눈에는 이중(二重)의 눈동자가 있었다. 처음 서수휘(徐壽輝)에게 종군(從軍)해 원병(元兵)과 싸우다가 한 눈을 잃었다. 뒤에 중경(重慶)과 성도(成都)를 함락시켜 촉(蜀) 전체를 차지하고 스스로 황제라고 일컬었다. 나라 이름을 대하(大夏)라고 하고, 연호(年號)를 천통(天統)이라고 했다. 5년 만에 죽고 아들 승(昇)이 뒤를 이어, 태조(太祖)라는 묘호(廟號)를 올렸다.

452) 진우량 : 원(元)나라 면양(沔陽) 사람이니 어가(漁家)의 아들이다. 본래는 사씨(謝氏)였다. 순제(順帝) 때에 서수휘의 장수 예문준(倪文俊)의 부하로 있다가 문준을 죽이고 그의 군사를 영유했다.

태후가 되었던 사람이다. 매일 밤 축수하고 하늘을 향해 말하기를 "하늘이여, 하늘이여, 나로 하여금 이곳으로 옮겨오게 한 것은 오로지 촉 대신(蜀大臣)의 죄이니, 대신과 대명(大明)이 서로 통해 우리 병사는 오로지 동쪽을 막는 데만 힘쓰게 하고, 병사를 이끌어서 남으로 들어왔으므로 드디어 망하기에 이르렀습니다" 했다.

태종조(太宗朝)에 왕비의 관복을 명(明)나라에서 가져왔는데 궁중에서 입는 방법을 알지 못했다. 승의 어머니가 궁중에 들어와 가르쳐준 뒤에야 알게 되었다고 한다.

승의 손자로 녹사(錄事)에 속하는 사람이 있었으나 매우 어리석었다. 사문(射文) 정공(正公)이 그때 좌상이 되었다가 녹사에게 말하기를 "자네 할아버지는 대촉(大蜀) 황제가 되었다가 불행히도 멸망했지만, 그때 망하지 않았더라도 자네 대(代)에는 망했으리라" 했다.

지금 명(明)씨의 후손으로 개성에 사는 사람이 있다. 내가 일찍이 명 태조의 화상을 보았더니 용모가 단정하고 수염이 그림과 같으며, 손톱은 깎지 않아서 길었다. 진리(陳理)는 자식이 없고 외손만 있는데, 내가 일찍이 외손 조공(曹公)을 따라서 가지고 있는 자수문금(刺繡文錦)을 보니, 그때의 호화로움을 상상하게 하는 유물이었다.

우리나라의 거족(巨族)

옛날 사람들이 모두 거족(巨族)을 귀히 여겼는데, 진나라의 왕(王)·사(謝)와 당나라의 최(崔)·노(盧)가 이것이다. 우리나라 거가대족(巨家大族)은 모두 주(州)·군(郡)·토성(土姓)으로부터 나왔다. 옛날에 번창했지만 지금은 쇠잔한 가문과 옛날에는 한미(寒微)했지만 지금은 번창한 가문을 아울러 기록한다.

파평(坡平) 윤(尹)씨, 한양(漢陽) 조(趙)씨, 이천(利川) 서(徐)씨, 여흥(驪興) 민(閔)씨, 수원(水原) 최(崔)씨, 양천(陽川) 허(許)씨, 덕수(德水) 이(李)씨, 행주(幸州) 기(奇)씨, 교하(交河) 노(盧)씨, 인천(仁川) 이(李)씨·채(蔡)씨, 남양(南陽) 홍(洪)씨, 용구(龍駒) 이씨, 죽산(竹山) 박(朴)씨·안(安)씨, 양성(陽城) 이씨, 광주(廣州) 이씨, 강화(江華) 봉(奉)씨, 청주(淸州) 한(韓)씨·경(慶)씨, 서산(瑞山) 유(柳)씨·한씨·이씨, 전의(全義) 이씨, 단양(丹陽) 우(禹)씨, 진천(鎭川) 송(宋)씨, 신창(新昌) 맹(孟)씨, 옥천(沃川) 육(陸)씨, 경주(慶州) 김씨·이씨, 김해(金海) 김씨·이씨, 안동(安東) 김씨·권(權)씨, 진주(晉州) 강(姜)

씨 · 하(河)씨, 성주(星州) 이씨, 상주(尙州) 김씨, 밀양(密陽) 박씨 · 손(孫)씨, 청송(靑松) 심(沈)씨, 거창(居昌) 신(愼)씨, 창녕(昌寧) 성(成)씨 · 조(曺)씨, 영산(靈山) 신(辛)씨, 고령(高靈) 신(申)씨, 동래(東萊) 정(鄭)씨, 하동(河東) 정씨, 영일(迎日) 정씨, 하양(河陽) 허씨, 칠원(漆原) 윤(尹)씨, 순흥(順興) 안씨, 의령(宜寧) 남(南)씨, 선산(善山) 김씨, 완산(完山) 이씨, 광산(光山) 김씨, 나주(羅州) 박씨 · 나(羅)씨, 장수(長水) 황(黃)씨, 순천(順川) 박씨, 능성(綾城) 구(具)씨, 영광(靈光) 정(丁)씨, 여산(礪山) 송(宋)씨, 제주(濟州) 고(高)씨, 해주(海州) 최씨, 평산(平山) 신(申)씨, 연안(延安) 이씨, 배천(白川) 조(趙)씨, 문화(文化) 유(柳)씨, 신천(信川) 강(康)씨, 원주(原州) 원(元)씨, 강릉(江陵) 최씨 · 함(咸)씨, 평양(平壤) 조(趙)씨, 함종(咸從) 어(魚)씨, 풍천(豊川) 임(任)씨.

해설

《용재총화(慵齋叢話)》는 조선 중기에 성현(成俔)이 지은 잡기류(雜記類) 문헌이다. 고려 때부터 조선 성종 때까지의 왕가(王家) · 사대부 · 문인 · 서화가 · 음악가 등의 인물 일화를 비롯해 풍속 · 지리 · 제도 · 음악 · 문화 · 소화(笑話) 등 사회 문화 전반을 다루고 있다. 책의 저술 연도가 분명하지 않으나, 1499년(연산 5년)까지의 일이 기록되었고 성현이 1504년에 죽었음을 감안하면 1499~1504년 사이에 저술했다고 할 수 있다.

조선 성종과 당대 관료층 문인들의 잡기류에 대한 관심은 성현이 《용재총화》를 저술하는 직접적인 계기가 되었다. 특히, 성임(成任), 성간(成侃) 두 형의 영향이 크다. 성임과 성간은 경전(經典)만 추종하는 도학자(道學者)와는 다른 문학관을 지니고 있었다. 성임은 《태평광기상절(太平廣記詳節)》《태평통재(太平通載)》를 엮었다. 같은 시기에 서거정(徐居正)은 《필원잡기(筆苑雜記)》《태평한화골계전(太平閑話滑稽傳)》, 강희맹(姜希孟)은 《촌담해이(村談解弛)》, 이륙(李陸)은 《청파극담(靑坡劇談)》을 저술했다. 이륙은 성현의 절친한 친구이자 사돈이다. 이 같은 여건 속에서 성현이 《용재총화》를 저술한 것은 자연스러운 일이다.

《용재총화》의 간행

《용재총화》는 1525년(중종 20년) 처음 간행되었다. 아들 세창(世昌)이 주선해 경주부(慶州府)에서 간행했다. "가정 을유년 가을 중양절 후 며칠에 경주부윤 황필이 발문을 기록한다(嘉靖乙酉秋重陽後有日慶州府尹 黃㻶跋)"라는 간기(刊記)에서 그 같은 사실을 확인할 수 있다. 1544년(명종 9년) 어숙권(魚叔權)이 간행한 《고사촬요(故事撮要)》의 〈팔도책판목록(八道冊版目錄)〉에도 경주부의 책판으로 수록되어 있다. 이후 중간(重刊)한 사실은 확인되지 않는다. 초간본이 희귀해짐에 따라 각종 필사본이 유포되어 전한다. 필자가 확인한 바로는 규장각에서 소장하고 있는 3권 3책의 필사본과 석판본 두 종류, 《대동야승(大東野乘)》 소재본, 연세대에서 소장하고 있는 5권 5책의 목판본, 고려대에서 소장하고 있는 낙질본 등이 있다. 《한국고서종합목록》에 후지타 료사쿠(藤田亮策) 소장의 목판본이 소개되어 있으나 확인하지 못했다. 연세대 소장본은 낙질로 권1~5까지만 전한다. 이 부분까지는 대동야승 본과 일치한다. 규장각 본과 대동야승 본을 대조해 본 결과 자료의 편수와 내용은 같으나 수록 체재에 차이가 있다. 이 두 판본 모두 서문이 없이 발문만 붙어 있다. 규장각 본은 권2 끝 부분에 황필의 발문이 붙어 있는 등 체재상의 문제가 있는 반면, 대동야승 본의 결자 부분이 완전하게 기록되어 있다.

이후 1909년 조선고서간행회(朝鮮古書刊行會)에서 간행한《대동야승》에 수록되어 널리 알려지게 되었다. 1934년 계유출판사에서《조선야사전집(朝鮮野史全集)》권1에 국문으로 현토(懸吐)해 간행했다. 1957년 평양시 국립출판사에서《대동야승선집》가운데《용재총화》를 홍기문이 국역해 간행했다. 1964년 고려대 민족문화연구소에서《국역파한집 · 용재총화》를 합권으로 간행했다. 1969년 현암사(玄岩社)에서 한국의 명저 시리즈로 국역본《용재총화》를 간행했다. 1971년에는 민족문화추진위원회에서《국역 대동야승》을 간행했다.

2000년 경산대학교에서 개교 20주년 기념사업으로《용재총화》영인본을 발간했다. 이 영인본은 고려대, 연세대, 성균관대 도서관에 분산 보관된 목판본과 국립도서

관과 규장각에 전하는 필사본을 대조해 오탈자와 기사의 중복 등을 바로잡아 간행한 것이다. 이 영인본 출간으로 《용재총화》 연구에 완벽한 원전 자료를 제공하게 되었다.

《용재총화》의 편찬 의도

성현은 〈촌중비어서(村中鄙語序)〉에서 잡기류에 대한 자신의 견해를 정리해 놓았다.

> "나의 친구 채수(蔡壽)가 벼슬에서 물러나 한가한 사이에 평소 들었던 것과 친구들 간에 담소했던 것을 비록 비리한 말이라 할지라도 모두 기록해 남김이 없었다. 그가 저술을 부지런히 하고 깊이 힘써 애쓰고 문학에 노숙하지 않았다면 어떻게 가능하겠는가. 가히 후대 사람들에게 권계(勸誡)가 될 만하고, 야외(野外)의 일사(逸事)로서 늙마에 즐길 만하며, 한가한 때에 소일거리가 될 것이다."[453]

---

453) "吾友蔡耆之氏 於退閑之際 以平昔所嘗聞者 與夫朋僚談諧者 雖鄙俚之詞 皆錄而無遺 其著述之勤 用力之深 非老於文學者 其何能爲 可爲後人之勸戒也 可爲野外之逸史也 可爲老境之玩揭而閑居之鼓鐘也"(成

위의 견해는 조선 성종조 관료층 문인들의 잡기류에 대한 일반적인 견해이기도 하다. 《용재총화》는 바로 위의 글에서 피력한 견해를 실천적으로 보인 것이다. 황필이 쓴 〈용재총화발문〉에서도 그 일면을 살필 수 있다.

> "무릇 우리나라 문장이 세대에 따라 높고 낮은 것이며, 도읍 산천에서의 풍속의 좋고 나쁜 것, 성악(聲樂)으로부터 복축(卜祝), 서화 등 여러 가지 기예(技藝), 조야(朝野)의 희로애락 등은 가히 담소의 자료로 마음을 즐겁게 해주는 것으로서, 국사에서 갖추지 못한 것을 모두 수록했다."[454]

황필 역시 《용재총화》가 파한(破閑)의 자료이나, 국사(國史)에서 갖추지 못한 것을 풍부하게 기록했다는 사실을 주목했다. 실제로 성현은 이 책을 저술하면서 권계, 야외의 일사, 파한의 자료 등 잡기류의 특징 가운데 야외의

俔, 〈村中鄙語序〉《虛白堂文集》 7; 28a).

454) "凡我國文章世代之高下 都邑山川 民風俗尚之美惡 自乎聲樂 卜祝書畵諸技 朝野間喜愕娛悲 可以資談笑 怡心神 國史所未備者 悉載"(黃琿, 〈慵齋叢話跋〉).

일사를 보다 비중 있게 다루었다.

《용재총화》의 내용

《용재총화》는 책 이름에서 시사하듯이 여러 유형의 이야기를 집록(集錄)한 그야말로 '총화(叢話)'다. 서거정의 《필원잡기》《동인시화(東人詩話)》《태평한화골계전》 세 유형의 이야기를 모두 수록하고 있다. 그러나 《용재총화》는 서거정의 저술처럼 이야기의 유형별로 구분되어 있지 않다. 이륙의 《청파극담》처럼 내용을 분류해서 수록한 것도 아니다.[455] 《용재총화》는 책의 권수만 구별되어 있을 뿐이며, 그나마도 기준이 있어 구별된 것도 아니다. 단지 비슷한 이야기가 군집해 있음을 살필 수 있다. 324편이나 되는 이야기가 권수만 구분된 채로 수록되어 있기 때문에 내용을 분석해 정리한다는 것이 쉬운 일이 아니다.

---

455) 《청파극담》은 기실(記實), 골계(滑稽), 기이(紀異), 잡론(雜論)으로 크게 분류한 다음, 96가지의 이야기를 예감(睿鑑), 기실(記實), 기이(奇異), 도량(度量), 정렬(貞烈), 총명(聰明), 명험(明驗), 복험(卜驗), 조복(朝服), 의상(衣裳), 의방(醫方), 기용(技用), 기술(技術), 골계(滑稽) 등으로 세분해 수록했다.

《용재총화》에 소재한 324편의 이야기는 기실(記實 : 196편) 골계(滑稽 : 27편) 기이(紀異 : 16편) 잡론(雜論 : 85편) 등으로 구성되어 있다. 가장 많은 비중을 차지하는 것은 기실이다. 잡론의 개인 기록까지 합치면 거의 전부가 필기류에 속한다. 성현은 《패설(稗說)》 6권을 저술했다. 《용재총화》 외에 별도로 《패설》을 저술했다는 사실은 성현이 필기와 패설을 구별해서 정리했음을 시사한다. 《용재총화》에서 특징적인 사항만 살피면 다음과 같다.[456]

기실(記實)

기실은 사회 · 경제 · 문화 · 지리 · 풍속 · 제도 · 불교 · 정치 · 행정 · 인물 일화 등 성현 당대의 역사적 사실을 기록한 것이다. 문장가 · 명필가 · 화가 · 음악가 등의 인물, 도읍지 · 전적 · 도자기 · 비문 글씨 · 활자 등의 문화, 예조 · 승정원 · 장악원 · 성균관 · 집현전 · 언문청 · 내경청 · 조지서 · 빙고 · 제단 · 과거 등 조선 초기의 관청과 제도, 처용희 · 관화 · 구나 같은 궁중 행사, 납채 · 신참례 · 세시풍속 · 권초례 · 불교 의례 등의 기록은 조선

---

456) 홍순석, 〈용재총화연구〉(〈국어국문학〉 98호, 국어국문학회, 1987)/ 홍순석, 《성현문학연구》, 한국문화사, 1992) 225~274쪽 참조.

초기의 사회상을 이해하는 데 중요한 자료다. 중국 사신・야인・왜인의 풍속까지 기록하면서 민족의식을 고취했다. 이러한 기록들은 국사에서 취급되지 않은 것으로, 충분히 국승(國乘)의 우익(羽翼)이 될 만한 것들이다.

인물 일화는 《용재총화》에서 거의 절반을 차지한다. 사대부의 일화는 물론, 장수・음악가・궁사・사냥꾼・독경사・맹인・성대묘사꾼 등 거의 모든 유형의 인물이 망라되었다.

골계(滑稽)

골계는 우치담(愚痴談)・낭패담(狼狽談)・사기담(詐欺談)・예지담(睿智談)・호색담(好色談) 등으로 구분된다. 장덕순은 호색담을 《용재총화》의 가장 특징적인 설화라 했다.[457]

기이(紀異)

기이는 《청파극담》에 비해 덜 중시된 듯하나, 특징적인 자료가 적지 않다. 성현은 귀신 이야기, 꿈과 해몽, 점복에 관해서도 관심을 갖고 기록했다. '최영 장군의 홍분(紅墳)',

---

457) 장덕순, 《한국문학사》(동화문화사, 1975), p.169.

'강감찬과 호승(虎僧)' 등은 대표적인 지괴설화(志怪說話)다.

잡론(雜論)

잡론은 개인 기록과 시화(詩話)로 구분된다. 성현은 집 안팎의 일을 일일이 기록해 두었다. 가문 · 성임 · 성간 · 모친 · 외숙 등에 관련한 이야기가 36편이나 된다. 잡론에서 특징적인 것은 민간의 속언(俗諺) 고담(古談)이다. 새의 화생(化生), 조수(潮水), 꿩의 맛, 유사한 사물, 팥꽃의 색깔, 개구리 울음소리, 황새 꽁지의 색깔 등을 다룬 글은 성현의 예리한 통찰력을 시사하는 자료다.

시화는 임렴(任廉)의 《양파담원(暘葩談苑)》에도 별도로 34편이 채록되어 있어 쉽게 살필 수 있다. 우리나라 역대 시문을 총괄해 간략히 평한 것을 비롯해 더러는 시구 하나를 따져 평하는 등 본격적인 시화가 없지 않으나, 대개는 인물 일화에 삽입된 시화에서 머물고 있다. 다른 분야보다는 별다른 관심을 둔 것 같지 않다.

《용재총화》는 조선 초기의 사회상 전반을 관심 있게 다룬 잡기류 문헌이다. 성현은 파한의 자료지만 국승에 도움이 될 것이라는 생각에서 국사에 기록되지 못한 이야기를 관심 있게 기록했다. 이 책에 담긴 다양한 기록은 오늘날 사회학 · 민속학 · 구비문학은 물론 한국학 연구의 사료로서 큰 비중을 차지한다.

끝으로 이 책에서는 324편의 이야기 가운데 대표적인 일부 작품만 선취해 수록했다. 때문에 《용재총화》의 진면목을 가늠하기에 부족할지 모른다. 지식을만드는지식에서 출간된 완역본 《용재총화》를 읽어보길 권한다.

지은이에 대해

성현(成俔, 1439~1504)은 조선 전기의 대표적인 관료층 문인이다. 본관은 창녕(昌寧), 지중추부사(知中樞府事) 염조(念祖)의 셋째 아들이다. 자는 경숙(磬叔). 호는 용재(慵齋)·허백당(虛白堂)·부휴자(浮休子)·국오(菊塢), 시호는 문대(文戴)다.

1462년(세조8) 식년문과(式年文科)에, 1466년 발영시(拔英試)에 급제해 박사(博士)로 등용되었다. 이어 사록(司錄) 등을 거쳐 1468년(예종 즉위) 예문관수찬(藝文館修撰)을 지냈다. 맏형 임(任)을 따라 명나라 사행(使行) 때 지은 기행시를 정리해 《관광록(觀光錄)》으로 엮었다. 1475년 다시 한명회(韓明澮)를 따라 명나라에 다녀와서 이듬해 문과중시(文科重試)에 급제, 대사간 등을 지냈다. 1485년 천추사(千秋使)로 명나라에 다녀와 형조참판 등을 거쳐, 평안도관찰사를 지냈다. 평안도 관찰사로 있을 때 명나라 사신 동월(董越)과 왕창(王敞)이 왔는데 이들과 시를 수작해 그들을 탄복하게 했다. 이어 동지중추부사(同知中樞府事)가 되어 사은사(謝恩使)로 명나라에 다녀와 경상도 관찰사로 나갔다가 예조판서에 올랐다.

연산군이 즉위하자 공조판서로 대제학(大提學)을 겸임했다. 죽은 지 몇 개월 뒤 갑자사화(甲子士禍)가 일어나 부관참시(剖棺斬屍)당했다. 뒤에 신원(伸冤)되고, 청백리(淸白吏)에 녹선(錄選)되었다.

그는 글씨를 잘 썼으며, 음률(音律)에도 밝아 장악원제조(掌樂院提調)를 겸하고 유자광(柳子光) 등과 함께 《악학궤범(樂學軌範)》을 편찬해 음악을 집대성했다. 뿐만 아니라 왕명으로 고려가요인 〈쌍화점(雙花店)〉, 〈이상곡(履霜曲)〉, 〈북전(北殿)〉을 개산(改刪)했다. 대표 저술인 《용재총화》는 조선 초기의 정치 · 사회 · 문화 · 제도 · 풍속을 연구하는 데 중요한 자료가 된다. 이 밖에 《허백당집(虛白堂集)》, 《풍아록(風雅錄)》, 《부휴자담론(浮休子談論)》, 《주의패설(奏議稗說)》, 《금낭행적(錦囊行跡)》, 《상유비람(桑楡備覽)》, 《풍소궤범(風騷軌範)》, 《경륜대궤(經綸大軌)》, 《태평통재(太平通載)》 등 많은 저술이 있다.

옮긴이에 대해

처인재 주인 홍순석은 용인 토박이다. 어려서는 서당을 다니며 천자문에서 소학까지 수학했다. 그것이 단국대, 성균관대에서 한문학을 전공하게 된 인연이 되었다. 지역문화 연구에 관심을 갖기 시작한 것은 강남대 교수로 재임하면서부터다. 용인, 포천, 이천, 안성 등 경기 지역의 향토문화 연구에 20여 년을 보냈다. 본래 한국문학 전공자인데 향토사가, 전통문화 연구가로 더 알려져 있다. 연구 성과물이 지역과 연관되는 것도 이 때문이다. 그동안 《성현 문학 연구》, 《양사언 문학 연구》, 《박은 시문학 연구》, 《김세필의 생애와 시》, 《한국 고전문학의 이해》, 《우리전통문화의 만남》, 《이천의 옛 노래》《향토사연구의 이론과 실제》 등 40여 권의 책을 냈다. 지식을만드는지식 고전선집 시리즈 가운데, 《읍취헌유고》《봉래시집》《부휴자담론》《허백당집》《용재총화》를 냈다. 짬이 나면 글 쓰는 일도 즐긴다. 《탄 자와 걷는 자》는 잡글을 모은 것이다.

원서발췌 용재총화

지은이 성현
옮긴이 홍순석
펴낸이 박영률

초판 1쇄 펴낸날 2014년 8월 11일
개정1판 1쇄 펴낸날 2025년 8월 29일

커뮤니케이션북스(주)
출판등록 제313-2007-000166호(2007년 8월 17일)
02880 서울시 성북구 성북로 5-11
전화 (02) 7474 001, 팩스 (02) 736 5047
commbooks@commbooks.com
www.commbooks.com

ISBN 979-11-430-1127-5 03810

책값은 뒤표지에 있습니다.